Richard Heckler

Von der Weisheit des Körpers lernen

Richard Heckler

Von der Weisheit des Körpers lernen

Wie man mit einem neuen Körperwissen zu seiner eigenen Mitte findet, Angst und Streß überwindet und in Harmonie mit dem universellen Rhythmus bleibt: Die Anatomie der Wende

Ansata-Verlag
Paul A. Zemp
Rosenstraße 24
CH-3800 Interlaken
Schweiz
1987

Aus dem Amerikanischen
von Maja Kaufmann und Maya Preisig

Titel der Originalausgabe:
THE ANATOMY OF CHANGE
East/West Approaches to Body/Mind Therapy

by arrangement with Shambhala Publications Inc.,
314 Dartmouth St., Boston, MA 02116

Deutsche Ausgabe:

Umschlag: Robert Wicki
Satz: Jung SatzCentrum, Lahnau
Druck: BDV · Printmedien, Liestal

ISBN 3-7157-0096-3

Inhalt

Der Weg

Mitteilen und Weitergeben

Für Dr. Randolph Stone, der mir zeigte, daß Mitgefühl und Stärke dem gleichen Geist entstammen.

Und für Maharaj Charan Singh und Chögyam Trungpa, Rimpoche, die mir das Sitzen beibrachten; Magda Proskauer, die mich atmen lehrte; Doris Breyer, die mich aufstehen lehrte; und Aikido, das mich lehrte, wie man sich fortbewegt.

Vorwort

Dieses Buch befaßt sich mit ganzheitlicher Erziehung, es befaßt sich ebenfalls mit der Trennung von Körper und Geist in unserer heutigen verrückten Welt. Doch es ist mehr als das. Einfach und verständlich dringt es vor bis zu den Wurzeln der Aggression und Gewalt, die weltweit unser Zusammenleben prägen, und beleuchtet unser Versagen, das Gesetz der Liebe zu lernen. Ein wichtiges Buch also.

Die Tatsache, daß heute durch einen simplen Knopfdruck die globale Selbstzerstörung ausgelöst werden kann, spiegelt klar und deutlich die Spannung und den inneren Kampf im Leben der Milliarden von Menschen wider, die die Architekten unserer Gesellschaftssysteme sind. In jedem dieser Individuen wirken zwei Prozesse zusammen: der geistige und der physische. Auf der Suche nach Selbsterkenntnis und Wissen über unsere Gesellschaftssysteme scheint es daher wichtig, dieses Zusammenwirken zu untersuchen. Richard Heckler erforscht dieses Zusammenspiel und wie es kommt, daß die zwei Prozesse unnötigerweise häufig unvereinbar erscheinen. Er geht davon aus, daß es von grundlegender Wichtigkeit ist, sich bewußt zu werden, wie man mit seinem eigenen Leben umgeht, wenn man an einem gesunden Leben interessiert ist. Nur wenn man die Wahrheit über sein eigenes Wesen kennt, kann man verstehen, warum wir immer wieder dazu neigen, uns selbst weh zu tun und andere umzubringen.

Dieses Buch beschäftigt sich mit unserer kulturell bedingten Neigung, uns im Denken, in der Phantasie oder in anderen geistigen Tätigkeiten zu verlieren und mit unserem Mangel an Wertschätzung für unsere Empfindungen und unseren Körper. Die ungleiche Gewichtung von Körper und Geist verhindert, daß wir die Welt sehen, wie sie wirklich ist. Jeder lebt in seiner eigenen Phantasiewelt. Gierig beuten wir unsere Empfindungen und unseren Körper aus. Wir behandeln unseren Körper wie eine Ware, anstatt ihn als ständig verfügbare Quelle von Wissen über uns selbst zu schätzen. So bleiben die zarteren, weicheren Gefühle wie Liebe und Zärtlichkeit unbeachtet.

Auch die internationale Politik ist durch dieses Ungleichgewicht geprägt. Die Symptome sind Angst und Mißtrauen auf allen Seiten. Die Ursache dafür läßt sich in dem tiefen Mißtrauen unserem eigenen Körper gegenüber finden. Wir mißtrauen dem Teil unseres Lebens, in dem die Liebe entsteht. Liebe ist ein Gefühl, und solange wir die subtilen Botschaften des Körpers mißachten, können wir es nicht spüren.

C. G. Jung machte dieselbe Beobachtung. Er schrieb, daß es in der Welt zwei polare Grundkräfte gäbe: das weibliche und das männliche Prinzip. Er machte sich Sorgen über die Weltlage, weil wir das weibliche Prinzip abwerten und das männliche zu sehr verherrlichen. Wir messen dem rationalen Denken, dem Erfolg, der zielgerichteten Handlung großen Wert bei und vernachlässigen die irrationalen Erfahrungen – vor allem das Fühlen, die Intuition und die Emotionen. Dies sind Sinnesempfindungen, die man nur durch das Medium Körper wahrnehmen kann, der seine Informationen oftmals auf sehr subtile Weise übermittelt.

In diesem Buch befaßt sich Richard Heckler mit dem Bedürfnis nach Ausgleich in der kollektiven Psyche und in der physischen Umgebung. Er legt großen Wert auf die Selbstwahrnehmung, um mit der Welt in Einklang zu gelangen. Er schlägt uns ohne große Umschweife vor, daß wir uns selbst umerziehen und zu diesem Zwecke auch unsere Erziehungsinstitutionen umkrempeln sollen. Vorerst müssen wir jedoch unsere Einstellung dem Leben und der Erziehung gegenüber radikal verändern.

Seine Arbeit sowie die Arbeit der Lomi School, die er mitbegründet hat, galt in den letzten 15 Jahren der systematischen Erforschung von neuen Ansätzen in der holistischen Erziehung. Diese Arbeit entstand aus dem Bedürfnis, dem reichen Wissensschatz, den der Körper anzubieten hat, zu mehr Beachtung und Wertschätzung zu verhelfen.

Ich hatte das Glück, zusammen mit Richard Heckler den Lehrplan und den Unterricht der Lomi School zu entwickeln. Seit langer Zeit sind wir befreundet und teilen dieselbe Vision. Beides, Freundschaft und Vision, ist lebendig geblieben. Es ist die Vision von einer Welt, in der das körperliche Leben zu einer Quelle gegenseitiger Achtung und Fürsorge wird.

Mit diesem Buch leistet Richard Heckler seinen Beitrag zur Verwirklichung der Vision. Es ist ein wertvoller Beitrag, reich an Wissen und Verständnis, die nur aus der Erfahrung und einem unablässigen Bemühen erwachsen konnten. Seine Begeisterungskraft und Inspiration schwingen in seinen Worten mit. Und Begeisterungskraft und Inspiration sind es, die einen guten Erzieher ausmachen.

Dr. med. Robert K. Hall
Lomi School
Mill Valley, California

Einleitung

«Mein primärer Wahrnehmungsprozeß ist muskulärer und visueller Natur.»
Albert Einstein

Ich stamme aus einer Tradition der Körperkunst. Meine frühe Erziehung fand auf zahlreichen Spielfeldern, im Turnen, im Basketball und im Judo statt, an den verschiedenen Orten, wo ich aufwuchs. In dieser Umgebung fand ich meinen Lebenssinn und den Respekt der Gleichaltrigen. Als Spieler erfuhr ich Annahme und Kameradschaft und wurde geachtet als jemand, der etwas zu geben hat. Diese Welt bot auch Raum für den Traum, über das Spielfeld hinaus in die große Welt zu wachsen. Nur selten wurde der Traum offen mitgeteilt, doch wenn wir alle beisammen waren, stieg er aus unserem kollektiven Unbewußten auf in Form von Spitznamen, die wir uns gaben, und in unserem Bestreben, den Erfolgreichen nachzueifern. In unseren Spielen lag die Verheißung, etwas Außergewöhnliches zu werden, etwas Besseres zu tun, als bloß Benzin auszuschenken oder in einer Spirituosenhandlung den Umsatz zu steigern.

Später, als ich mehr mit dem organisierten Sport zu tun hatte, lernte ich, mit Teamkollegen auf ein gemeinsames Ziel hinzuarbeiten. In dieser Welt des Laufens, Springens, Werfens, Fangens, Schlagens, Riskierens und des Kontaktschaffens lernte ich, was jeder lernt, der eine Körperkunst ausübt: zwischen dem, was jemand zu können vorgibt und dem, was jemand wirklich tut, besteht ein echter, wesentlicher Unterschied. Aufgrund dieser Einsicht wählte ich nur noch Lehrer aus, die fähig waren, das zu verkörpern, was sie sagten. Ich lernte zwischen Leuten, die Dinge wußten und sagen konnten, und solchen, die diese Dinge auch tun und sein konnten, zu unterscheiden. Ich beobachtete, wie sich die Leute bewegten, wie sie ihre Fehler gutmachten und wie sie sich unter Druck verhielten. Ich sah, daß jedermann groß reden konnte und es leicht war, von außerhalb des Spielfeldes Kritik zu üben, daß das aber alles zum hohlen Geschwätz wurde, sobald das Spiel losging. Ich begann bei Leuten, die konzentriert und entspannt bei dem waren, was sie gerade taten, eine bestimmte Art des Präsentseins zu bemerken. Ich erfuhr, daß man sich seine Wirklichkeit erschafft durch Handlungen und richtige Worte und nicht durch Prahlereien. In den Kampfkünsten sagen wir: «Bring es auf die Matte», was soviel heißt wie: «Laß sehen, wie sich deine Philosophie in der Tat bewährt.» Das ist noch heute eines meiner Leitprinzipien, und ich bin dankbar, daß ich es so früh gelernt habe.

Im Sommer vor meinem Eintritt in die High School verletzte ich mir das Knie bei einem Baseballspiel. Nachdem man mir den Gips entfernt hatte, riet man mir zu laufen und Gewichte zu heben, um das Bein wieder zu stärken. Ich pflegte also den Laufsport weiter und gewann ein Sportstipendium. Als erster meiner Familie ging ich aufs College. Bis zu meinem Studienabschluß hatte ich bereits neun Jahre lang an Wettläufen teilgenommen. Ich erfuhr in diesen Jahren unter anderem den Wert von Übung und Disziplin. Die Körperkünste lehrten mich als zweites wichtiges Prinzip, daß Veränderung, Wachstum und Wandel möglich sind, wenn wir üben und uns einsetzen.

Während meiner Collegezeit erlebte ich auch eine tiefe, verwirrende Spaltung in meinem Leben. Ich bewegte mich in zwei getrennten sozialen Kreisen und fühlte mich in keinem von beiden je ganz wohl. Im einen befaßte man sich mit der Welt des Geistes, im andern mit der Welt des Körpers. Die frustrierende Kluft zwischen diesen zwei Welten war einer der Auslöser für die Reise, die mich schließlich bis zu diesem Buch geführt hat.

Als Athlet genoß ich das Gefühl der Lebendigkeit, das mir die Arbeit mit dem Körper schenkte. Meine Erinnerung erzählt von gleißender Sonne auf meinem Rücken, Aufregung vor dem Rennen, vom Geruch von frisch geschnittenem Gras am Feierabend, von den pochenden Atemzügen, die nach einem harten Lauf bis in meine Fußspitzen drangen, von der Befriedigung, wenn ich mich herzhaft durchtrainiert fühlte. Solche Erfahrungen gaben meinem Leben die Würze von Leidenschaft und Lebendigkeit.

Zugleich allerdings bot mir die Atmosphäre des Umkleideraums herzlich wenig Inspiration. Ich genoß die Kameradschaft, und doch fehlte etwas. Ich spürte, daß ich mehr war als bloß ein organisiertes Muskelpaket, das sich auf einen Wettkampf vorbereitete; ich wollte mehr. Einiges davon fand ich in intellektuellen und Künstlerkreisen. Da wurde ich zu einer breiteren Weltsicht angeregt durch Literatur, Poesie und Psychologie. Doch ließ mich diese kopflastige Welt mit ihrer elitären Atmosphäre oft schal und ohne Gefühle stehen. Ich liebte Ideen und Philosophie, doch die endlosen Diskussionen in den verqualmten Räumen schienen mir überhaupt nichts mit dem Verwirklichen von tollen Ideen zu tun zu haben. Diese beiden Gruppierungen waren zwei getrennte Welten, die mir beide etwas gaben. Ich ging also in die Turnhalle, um meinen Körper zu fühlen, und in den Hörsaal, um meinen Geist lebendig zu halten. Die Distanz zwischen Turnhalle und Hörsaal entsprach der Kluft, die zwischen meinem Geist und meinem Körper bestand. Ich war ein Athlet, und ich war ein Poet, doch ich fühlte auch, daß ich darüber hinaus noch etwas mehr war. Und ich spürte deutlich, daß ich diesem Gefühl nachgehen mußte, wenn ich meine beiden Seiten vereinen wollte.

Auf meiner Suche entdeckte ich, daß mir die traditionelle Psychologie und Philosophie mit ihrer trockenen, komplexen Sicht der Dinge wenig zu bieten hatten. Ich erinnerte mich auch, daß ich bis dahin mehr von Leuten und Handlungen gelernt hatte als von Konzepten. Spirituelle Gemeinschaften, zu denen ich mich gesellte, boten Übungen und Strukturen an, um das Leben zu bewältigen, doch waren sie für mein Empfinden zu sehr vom Boden abgelöst und befaßten sich zuwenig mit emotionalen und zwischenmenschlichen Fragen. Viele Körperansätze schienen mir zu mechanisch oder übertrieben wissenschaftlich. In den meisten Sportarten und auch beim Tanz wurde der Körper als Maschine betrachtet, die auf Befehl eine Leistung erbringt und dann wieder vergessen wird. Die Medizin und verschiedene körperorientierte Systeme sahen den

Geist lediglich als höherentwickeltes Nervenende. Ich suchte einen Weg, der den Körper einbezog, aber auch anerkannte, daß wir mehr sind als bloßer Körper. Ich wollte mit der Persönlichkeit und dem Geist arbeiten, aber auch den Körper mit seiner reichen Palette an Gefühlen, Empfindungen und Energien einbeziehen.

Auf meiner Suche nach diesem Weg befaßte ich mich mit Aikido und den Kampfkünsten, den Prinzipien der Meditation und der körperzentrierten Psychologie. Ich erkannte dadurch, daß unsere Grundlebensenergie, unsere Erregungskraft, den Boden bietet für die verschiedenen Teile unseres Selbst. Ich erlebte, daß sowohl meine Gefühle wie meine Gedanken aus einem unerschöpflichen Energiestrom kamen und daß ich an ihrer Gestaltung teilhaben, sie zu einem ganzheitlichen und einheitlichen Ausdruck modellieren konnte. Da war Raum für den Dichter, den Schüler, den Athleten und den Spieler. Lichtträger und Schatten wurden aus diesem Strom geboren und entweder unterdrückt oder in ihrem Rhythmus und ihrer Intensität zur Reife gebracht.

Ebenso wichtig, wenn nicht sogar wichtiger, waren die Lehrer, die die verschiedenen Wege verkörperten, Männer und Frauen, die mich durch ihr Handeln inspirierten und mich in ihre Disziplinen einführten. Ich danke ihnen jetzt und in Zukunft für ihre Großherzigkeit und ihre Geduld.

Ich arbeite nicht mit dem Körper, um diesen zu verherrlichen oder einem äußerlichen Schönheitsideal anzupassen. Ich arbeite *durch* den Körper, um zu entdecken, wer wir sind und wie wir gewisse Lebensqualitäten pflegen können. Über den Körper gewinnen wir Zugang zu unseren vielfältigen Erfahrungen. Das gilt für alle in gleichem Maße: alte Leute, die ihr Bett nicht mehr verlassen können; Gelähmte, die ihre Glieder nicht mehr brauchen können; Krabbelkinder, Berufsathleten, Wirtschaftsbosse und Hausfrauen.

Andere wichtige Gründe, warum ich durch den Körper arbeite:

1) Unsere Kultur ist aus dem Gleichgewicht geraten, das kognitive Lernen wird zu stark betont und der Kontakt zum Körperwissen ist gestört;
2) der Körper öffnet den Zugang zu Menschen und ihren tieferen Bedürfnissen und Potentialen;

3) durch den Körper lernen wir, die Werte und Eigenschaften, die uns am Herzen liegen, auch zu verkörpern;
4) durch das körperliche Erleben kommen wir in Kontakt mit dem Mitgefühl, das in unserer verwirrten Welt so fehlt.

Ich habe keine festen Antworten, und ich bin immer noch dabei, weitere Ideen zu entdecken und andere zu erneuern. Mein Ansatz bietet eine Möglichkeit, mit sich und anderen zu arbeiten und dabei die ganze Person einzubeziehen. Ich muß eingestehen, daß es mir sehr schwer fiel, über etwas grundsätzlich Nichtverbales zu schreiben. Ich habe um jede Seite dieses Buches gekämpft, doch dieser Kampf hat mir geholfen, klarer zu verstehen, was ich tue und was ich für wichtig halte. Meine Hoffnung geht dahin, daß es mir gelungen ist, mit Ihnen, lieber Leser, in der Sprache des Körpers über Körper und Weisheit zu kommunizieren.

Dank

Mein Dank gilt Wendy Palmer-Heckler für ihre unablässige Unterstützung, Inspiration, Geduld und Großzügigkeit während des Vorhabens. Ich möchte auch Django und Tiphani für ihre Geduld und ihr Verständnis in Zeiten der Ungeduld und Gereiztheit danken; Robert Hall danke ich für seine Freundschaft, seine Großzügigkeit und seine Ermutigung; Thomas Pope für sein Feedback; Jacki Fromme für das Schreiben und ihr Feedback; Robert Nadeau für die Inspiration vieler dieser Ideen; Mutsumi Daijogo für ihre Boddhisatva-Arbeit mit Kindern; Kim Tong für seine Unterstützung; Mary Hey für ihre verlegerische Durchschlagskraft; Emily Hilburn für die Fertigstellung des Manuskripts; und ich danke den vielen Menschen, die ich in der Lomi School und im Tamalpais Aikido-Dojo kennengelernt habe.

Der Hintergrund

Einführung

Dieses Buch beschäftigt sich mit der Reise zurück zu unserem Körperwissen. Ich werde zeigen, wie wir aus diesem Wissen lernen können, uns selbst zu heilen und zu erziehen. Das erste Kapitel «Die Weisheit des Körpers» ist ein Aufruf, zum Körperwissen zurückzukehren. Es stellt dar, wie die traditionelle Erziehung mit ihrer Betonung des konzeptuellen und abstrakten Denkens das Körperpotential verleugnet. Diese Vernachlässigung führt zur Eskalation von Kriminalität und Gewalt, zur kurzsichtigen, systematischen Zerstörung der Umwelt und zur Zunahme von streß- und angstbedingten Gesundheitsproblemen. Im Kapitel «Arbeit durch den Körper» beschreibe ich die Methode, auf die ich mich beziehe, wenn ich von der Rückkehr zum Körper spreche. Die Arbeit durch den Körper legt großen Wert darauf, den Kontakt zu unserer Lebensenergie, dem *Elan vital,* zu verbessern, um unseren tieferen Bedürfnissen und Potentialen näherzukommen. Bei dieser Arbeit werden Methoden verwendet wie Berührung, Atemübungen, Bewegung, Ausdruck oder Meditation, doch ihr Hauptanliegen ist, mit dem ursprünglichen Selbst in Kontakt zu treten. Es geht nicht primär darum, Spannungen abzubauen, die Haltung zu verbessern oder eine emotionale Entladung auszulösen, auch wenn solche Begleiterscheinungen auftreten können. Das Kapitel «Die erworbene Tendenz» beschreibt, wie wir unsere Neurose körperlich erleben können und wie uns diese Erfahrung helfen kann, unser mechanisches, destruktives Verhalten abzulegen und zu einem wacheren, lebendigeren Dasein zu finden. Der «Rhythmus der Erregungskraft» bringt unsere körperlich empfundenen Neurosen und Tendenzen in Verbindung mit unserer Neigung, unsere natürlichen Energiezyklen zu unterdrücken oder übermäßig zu forcieren. Anhand von Fallstudien wird in diesem Kapitel gezeigt, daß der Kontakt zu unserem persönlichen Körperrhythmus notwendig ist, um mit uns selbst und dem universelleren Rhythmus in Harmonie zu kommen. Im Kapitel «Im Körper leben» erfahren wir, wie wir unsere Aufmerksamkeit nach innen richten und die Wahrnehmungsfähigkeit für Gefühle und Empfindungen wecken können. Dieser Erweckungsprozeß führt zur Verkörperung, d. h. wir erfahren unser Leben und unseren Sinn über die Körpergefühle und -empfindungen, und nicht mehr über Phantasien und Projektionen. Anhand einer Fallstudie werden die einzelnen Schritte verdeutlicht, die zu dieser Körperwerdung führen. Das folgende Kapitel «Anatomie der Wandlung» zeigt auf, wie wir die Körperintelligenz nutzen können, um Hindernisse und Krisenzeiten zu überwinden. Es werden die fünf Stufen beschrieben, die in einem Wandlungsprozeß auftreten. Dazu werden praktische Übungen und Bildmaterial angeboten. Das Kapitel «Präsenz und Kontakt» führt aus, daß wir, wenn wir wirklich in unserem Körper leben, eine Präsenz entwickeln, die die Kraft hat, echten Kontakt zu unserem innersten Wesen, zu anderen und zur Umgebung herzustellen. Es erklärt auch, warum energetische Präsenz und Kontakt Voraussetzung für jegliche Form von Heilen und Erziehung sind. Das Schlußkapitel «Gezügelte Aggression: der Aiki-Weg, Konflikte zu bewältigen» dringt zur körperlichen Wurzel von Gewalt und Aggression vor. Mit der Aufforderung, ein jeder möge für seine Aggressionen Verantwortung übernehmen, indem er zuläßt, sie körperlich zu erfahren, schlägt dieses Kapitel die moderne japanische Kampfkunst Aikido als Möglichkeit vor, bei der Bewältigung dieses persönlichen und auch weltumfassenden Konflikts behilflich zu sein.

Auf dieser Reise treffen wir unsere Gewalttätigkeit, unsere Zärtlichkeit, unsere Tendenzen und die Möglichkeit zu einem reicheren, harmonischeren Leben, stets eingebettet in den Rahmen der

Selbsterziehung, Selbstheilung und Selbsterkenntnis. Ich hoffe, daß die Ideen und Experimente dieses Buches Sie ermuntern, das Wagnis der Erkundung Ihrer selbst, der Welt und der anderen Mitmenschen weiter zu verfolgen. Meine eigene Erfahrung hat mir den Glauben gebracht, daß wir unser Leben durch das Verbundensein mit unserem körperlichen und energetischen Prozeß ganzheitlicher und sinnvoller gestalten können. Dieses Buch lädt Sie ein, die Prinzipien dieser Reise kennenzulernen.

Die Weisheit des Körpers

«Was bringen wir unsern Kindern in der Schule bei? Daß zwei und zwei vier macht und daß Paris die Hauptstadt von Frankreich ist. Und wann lehren wir sie, was sie selber sind? Eigentlich sollten wir jedem einzelnen von ihnen sagen: Du bist ein Wunder! Du bist einmalig . . . Du bist fähig, alles zu tun . . . Wirst Du, wenn Du groß sein wirst, einen andern verletzen können, der ein Wunder ist wie Du?»

Pablo Casals

Wir sind das denkende Tier. Andere Tiere wissen, wir aber wissen, daß wir wissen – Denken ist sozusagen unser tägliches Brot geworden. Unser Hirn hat im Laufe der Evolution die Fähigkeit zum logischen und rationalen Denken entwickelt. Diese geistigen Fähigkeiten haben uns ungeheure Macht über unsere Umwelt verliehen und stellen das beliebteste Instrument für unser Erkenntnisstreben dar. Die Begabung zum abstrakten Denken, die uns z. B. Werkzeuge und Medikamente in die Hand gegeben hat, wird in unserem Erziehungssystem ständig genährt und gefördert. Wir lernen, daß man Wissen erwirbt, indem man sich von dem, was man lernen will, distanziert. Man bringt uns bei, unser Objekt aus der Ferne zu betrachten, es in überschaubare Einzelteile zu zerlegen und diese dann logisch zu ordnen. Wir werden angewiesen, unsere ursprüngliche Erregungskraft in Gedanken, Vernunft und Logik zu kanalisieren, und sind Meister im Manipulieren von Konzepten.

Diese hohe Bewertung der Macht des kognitiven Geistes hat auch ihren Preis gefordert. Da wir dem Geist die Führungsrolle im Lernprozeß zuweisen, geraten wir leicht in die Position des Zuschauers und sind nicht mehr Mitspieler. Wir haben vergessen, wie man sein eigener Arzt und Lehrer ist. Die Bevölkerung der Industrieländer hat arg zu schaffen mit Rückenproblemen, Bluthochdruck, Verdauungsschwierigkeiten, Kopfschmerzen, Herzbeschwerden und anderen Leiden, die mit Streß und Ängsten zusammenhängen. Gewalttätigkeit und Verbrechen nehmen epidemische Ausmaße an, und unsere hemmungslose Ausbeutung der Naturschätze ist äußerst kurzsichtig. Die kartesianische Erkenntnis: «Ich denke, also bin ich», läßt uns in einem sehr unharmonischen Zustand zurück. Wir wissen zwar über viele Dinge Bescheid, doch über das Leben, über Mitgefühl und unsere und unserer Mitmenschen Bedürfnisse wissen wir nur wenig.

Meistens richten wir uns im Leben nach unserm Denken und nach den Konzepten, die wir angenommen haben. Wir sind tüchtige, gebildete und geachtete Wesen, die ihr Leben auf logisches und folgerichtiges Denken ausgerichtet haben. Doch vielleicht versagt dieses Denken irgendwann einmal, und es gelingt uns nicht mehr, das Leben im Griff zu behalten. Vielleicht hat uns unerwartet der Partner verlassen, oder wir sind krank geworden oder plötzlich unfähig, uns auszudrücken, oder wir sind überwältigend heftigen Ausbrüchen oder plötzlichen Ängsten ausgeliefert. Und wir kommen mit all unserem Denken, Ordnen und Wissen nicht mehr zurecht. Alles ist außer Kontrolle, und unsere wissensbetonte Einstellung, in der der Geist die oberste Instanz darstellt, kann nichts mehr ausrichten und schon gar nicht helfen.

Gefühle und Empfindungen, die in solchen Situationen aufkommen, lassen sich weder leugnen noch durch Gedanken beherrschen. Der Körper beginnt, seine eigene Sprache zu sprechen und will angehört werden. Wenn wir nicht hinhören, spricht er lauter und wir werden krank, verhärtet oder chronisch geschädigt. Auf diese Weise teilt uns der Körper mit, daß wir den Kontakt zu uns selber verloren haben.

Wenn dies geschieht, müssen wir aufrichtig und aufmerksam auf unseren Körper hören. Anstatt den Gefühlen und Empfindungen auszuweichen oder sie zu rationalisieren, sollten wir sie als Botschaften hinnehmen, die uns leiten und heilen können. Solche Beschwerden sind Tore, die uns den Zugang zum Im-Körper-Leben öffnen können. Im Körper leben, heißt, das Leben durch Gefühle, Empfindungen und Interaktionen zu erfahren und nicht durch bloße Projektionen und Erinnerungen. Wenn wir auf den Körper hören und in ihm leben, im Schmerz und in der Freude, dann eröffnet sich uns ein ganzes Universum von neuen Möglichkeiten.

Die herkömmliche Erziehung ermutigt uns, nach den Vorstellungen der Gesellschaft zu leben und hemmt uns, sobald wir zu tieferen, energiereicheren Impulsen vorstoßen. Wir lernen zwar, doch wie das zu tun ist, lehrt uns keiner. Man sagt uns nicht, wie wir uns selbst in den Lernprozeß einbringen können. Ohne dieses Wissen verlieren wir unsere Eigenständigkeit und streben den Bildern nach, die uns Gesellschaft und Medien systematisch vorsetzen. Wir begraben die Körperintelligenz, damit wir auf das gleiche ansprechen und in die gleichen Kategorien passen wie alle andern, was den Tod des vorsprachlichen, unverdorbenen Wissensschatzes bedeutet. Die Entfremdung vom Gefühls- und Empfindungsreichtum, von Bildern und Intuition, die das Körpererbe ausmachen, schafft innere Frustration und Spannung, die dann in vielen Ängsten und Gebresten ihren Ausdruck finden. Wenn wir zurückfinden zum Leben im Körper, dann blüht unsere Anlage zur Selbsterziehung und Selbstheilung wieder auf. Die Übernahme der Verantwortung für unsere Gesundheit und Bildung bringt uns unseren eigenen Kraftquellen näher.

«Somatik» hat einen griechischen Wortstamm; «Soma» bedeutet Körper als funktionelles, lebendiges Ganzes, nicht als mechanische Struktur. Somatik sieht keine Trennung zwischen Geist und Körper, sondern sie versteht «Soma» als Gesamtausdruck all dessen, was wir denken, fühlen, wahrnehmen und ausdrücken. Die Kunst und Wissenschaft Somatik hält uns an, durch Selbsterkenntnis und Selbstentdeckung zur eigenen Wissensquelle vorzudringen. Das geschieht, indem wir mit unserem Körper Kontakt aufnehmen. Dadurch erscheinen Gestik, Haltung, Einstellungen und Gefühle in einem neuen Licht, und wir erfahren, daß Energie (oder die Erregungskraft) die Grundlage allen Lebens ist. Die somatische Lebensauffassung wertet Gedanken nicht ab, sie integriert sie in unser *Wie*. *Wie* wir tatsächlich sind, in unseren Handlungen, Einstellungen und im Umgang mit anderen, bildet die Basis für das Erfahrungslernen. Wenn wir unsere Ideen und Meinungen verkörpern, können wir auf einer tieferen Ebene erfahren, wer wir wirklich sind und wer wir werden können und haben unseren Lehrmeister immer zur Verfügung: uns selbst. In jeder Situation, sei sie schwierig, erfreulich, langweilig, steht uns rund um die Uhr das

Werkzeug zur Verfügung, das wir brauchen, um unsere Entscheidungen zu fällen, ein Risiko einzugehen, eine Wahl zu treffen und zu reagieren. Wenn wir gelernt haben, mit unserer Erregungskraft umzugehen, kommt ein Teil von uns zum Tragen, der äußerst reich ist an Wissen und Kreativität.

Daß die Schule vor allem Wert legt auf das Auswendiglernen von Fakten, Formeln und Zahlen, verleiht uns im gesellschaftlichen und wirtschaftlichen Rahmen eine breite Handlungsfreiheit, doch wir lernen wenig darüber, wie wir Zeiten der Wandlung durchleben oder mit neuen, schwierigen Situationen zurechtkommen können. Wenn wir jedoch aufmerksam das Lehrbuch unserer Körpersprache aufschlagen, eröffnet sich uns eine ganz neue Sprache und Weisheit. Der Körper leitet uns an, uns selbst bei den eigenen Geburten, im Reifungsprozeß und den unzähligen kleinen Toden während des Lebens Hebammendienste zu leisten. In Fühlung mit unserer Erregungskraft, die Körper, Gedanken und alles Lebendige formt, haben wir die Möglichkeit, unser Leben ganzheitlich zu leben. Durch den Körper lernen wir, dem unendlichen Meer der Erregungskraft, das uns bewegt, zu vertrauen und auf seine Bewegungen zu antworten. Solange wir in Gedanken leben, können wir zwar klare Denker werden, doch verkümmert dabei unsere Fähigkeit, mitfühlend, intuitiv und auf eine echte, empfundene Art mitteilsam zu sein.

Denken ist nicht an sich schlecht. Wenn die Gedankenwelt nicht zum Ausweichen benützt wird, kann der Ideenaustausch mit andern sehr bereichernd und sinnvoll sein. Wenn aber diese Welt der Symbole, Gedanken, Bilder und Visionen nicht in der lebendigen Erfahrung verankert ist, wird sie zur leeren Hochstapelei. Wir kennen alle Leute, die überzeugend und folgerichtig sprechen können und doch ihr Leben nicht meistern. Sehr oft fehlt ihnen der Boden unter den Füßen oder die Disziplin, die zur Umsetzung ihrer Visionen nötig wäre. Ihre Ideen sind gut, doch bedeuten sie wenig, solange sie nicht verkörpert werden.

Wenn wir aus lauter Angst davor, was wir fühlen oder ausdrükken könnten, nur in Gedanken leben, werden wir zu rigiden, unspontanen Menschen. Diese Angst läßt unsere geistigen Muster zum starren Wissen darüber werden, wie ein spiritueller Mensch sein sollte oder wie gute Eltern sein sollten oder wie eine Führungspersönlichkeit, wie ein richtiger Künstler leben sollte, usw. Sind die Rollen, die wir annehmen, Kinder unserer Ideen und nicht unserer gelebten Erfahrung, so werden wir abgelenkt von dem, was uns eigentlich befriedigen und erfüllen würde. Und wenn wir dann merken, daß wir nicht zu unserem Idealbild geworden sind, werden wir üblicherweise depressiv, verteidigen unsere symbolische Identität aggressiv oder beschuldigen Eltern, Ehegatten oder Institutionen für unser Versagen. Leute, denen der Körperbezug fehlt, werden – durch die Übernahme der gesellschaftlichen Vorstellungen – zu Waisen ihrer selbst.

Ich traf einst bei einem Essen den Präsidenten einer bekannten Juristenschule, der auch Mitglied etlicher Regierungsgremien gewesen war. Er war ein intelligenter, mitteilsamer, geistreicher Mann, der sich offensichtlich in den Ränkespielen der Macht bestens auskannte. Er saß entspannt und zuversichtlich da, wandte seinen Kopf hierhin und dahin, wie ein gut geöltes Panzertürmchen, das auf dem wuchtigen, unbeweglichen Körper saß. Seine Klarheit, sein Tiefblick und seine Fähigkeit, alle Aspekte einer Frage einzubeziehen, beeindruckten mich. Offensichtlich hatte er zu seinen Gefühlen keinen Zugang, und er gab ohne Umschweife zu, daß es in seinem Leben und in seinem Beruf keinen Platz für Gefühlserfahrungen gäbe. «Was soll's, wenn er kein Körperleben hat?» fragte ich mich. «Er hat Erfolg, Macht, Einfluß und genießt Respekt. Wenn er das alles hat, obwohl der Kontakt zu den Gefühlen fehlt, was soll dann das ganze Gerede über den Körper?» Und doch fehlte etwas Wesentliches. Als wir länger zusammen waren, wurde deutlich, daß er unfähig war, mit den Erfahrungen anderer Menschen mitzufühlen und mitzuschwingen. Da er sich selber nicht spüren konnte, hatte er auch keinen Zugang zu anderen. Weil es ihm gelang, sich vom eigenen Körper abzuspalten, konnte er sich auch vom Körper anderer Leute trennen. Da ihm die Informationen von seinem Körper fehlten, sah er andere Menschen als Fakten, Zahlen und Abstraktionen. Sein Geist war stark, doch er kannte weder Mitgefühl für andere noch eigene Gefühle. Mir wurde klar, wie gefährlich es ist, besonders für einen Mann in seiner Position, die Prinzipien von den Gefühlen abzutrennen.

Unsere Schulen und Institutionen fördern genau dieses Auseinanderklaffen, indem sie uns zwingen, den natürlichen Fluß unserer Erregungskraft zu bremsen und eine Unzahl von Informationsfetzen aufzunehmen. Wir schlucken Geschichte, Sprache und Mathematik ohne daß uns jemand sagt, wir sollen das Unwesentliche beiseite lassen. Sicher sind diese Fächer wichtig, doch man sollte uns auch beibringen, wie wir am besten sitzen, um aufnahmefähig zu sein; wie wir uns am Schreiben und Zeichnen unmittelbar freuen können oder wie wir das Hochgefühl genießen können, wenn wir unseren eigenen Namenszug zu Papier bringen; man sollte uns auffordern, den Interessen nachzuspüren, die aus den tieferen Schichten unserer Erregungskraft aufsteigen. Unser Erziehungssystem, das dem Kopf die oberste Führung überläßt, fördert die kognitiven Fähigkeiten auf Kosten unseres Wissens aus tieferen Schichten. Was unsere Gesellschaft Unterricht nennt, ist eigentlich Indoktrination. Wirkliches Lernen und Vermitteln von Erfahrung erfolgt in viel tieferen als den kognitiven Schichten. Durch gelebte Körpererfahrung können wir aus dem Leben lernen und mit dem Körper in Verbindung treten.

Auch unsere Sportprogramme und die Körpererziehung vernachlässigen das Vermitteln von Körperwissen. Athleten, Tänzer und Praktizierende der Kampfkünste bemühen sich zwar um den Körper, doch steht nach wie vor die Darbietung im Vordergrund, nicht das kreative Wissen, das aus dem Körpererleben stammt. Unsere üblichen Trainingsprogramme bilden Spitzensportler für die Spielfelder aus, sie lehren nicht, wie wir unser Körperwissen ins Spiel des Lebens einfließen lassen können. Das heutige allgemeine Interesse an Gesundheit und Fitneß deutet jedoch auf ein echtes Bedürfnis hin, dem Körpererleben näherzukommen.

Doch vorläufig zeigt es sich noch immer als Streben nach den kulturell bedingten Schönheits- und Gesundheitsidealen. Die ganze Tyrannei des Schlankheitsdiktats kann sich nur auf dem Boden einer Kurhausmentalität halten. Eine Wespentaille rührt womöglich von einem eingezogenen Zwerchfell her, das auf die inneren Organe drückt; die verhärtete Muskelstruktur des Gewichthebers ist womöglich ein Panzer gegen Gefühle und Empfindsamkeit. Diättheorien sind gewiß nützlich, doch sie kommen an das Wissen über Ernährung, das aus der inneren Tiefe aufsteigt, nicht heran. «Jogging» entspringt dem Bedürfnis, den Körper in Form zu halten, doch wir können kilometerweit rennen und noch immer keinerlei Zugang zu den Botschaften haben, die unser Körper aussendet. Der Wunsch nach Körpererleben ist ein echtes Bedürfnis, doch es geht darum zu spüren, was von innen her gebraucht wird und nicht darum, einer äußeren, aufgesetzten Vorstellung nachzueifern. Wir müssen auf innere Botschaften hören und auf sie reagieren, bevor uns das Haus über dem Kopf zusammenbricht.

Unsere Gesellschaft bewertet das Aushalten von Streß und Spannung höher als die Fähigkeit, geschickt damit umzugehen. Unsere Firmen bezahlen uns fürs Kranksein; für Gesundheit und Anwesenheit am Arbeitsplatz hingegen werden wir nicht belohnt. Großen Erfolg haben die Hersteller von Medikamenten, die Symptome und Beschwerden von Streßkrankheiten unterdrücken. Die allgemeine Vorstellung vom Turnen erschöpft sich in mechanischen Übungen und Spielen. Die Turnhalle liegt stets am anderen Ende des Schulareals, und Turnen gilt nur als halbe Bewertungseinheit, die akademischen Fächer hingegen als vier oder fünf. Die Schüler müssen hundertmal aufsitzen und hundert Liegestützen machen, sie müssen entspannen und geradestehen, doch niemand zeigt ihnen, *wie* das zu tun ist oder was das im Alltag zu bedeuten hat.

Eine körperverbundene Erziehung würde uns den Unterschied zwischen Erleben und Denken und Phantasieren beibringen. Sobald wir mit dem Körper in Kontakt sind, wird der Moment wichtig. Der Lebensstrom in unserem Körper in all seinen Ausprägungen: den Temperaturen, dem Pulsieren und Vibrieren, dem Anschwellen und Erstarren, wird zum Kriterium für unsere Handlungen und Reaktionen. Wenn wir unschlüssig sind, welchen Weg wir einschlagen oder welche Entscheidung wir treffen sollen, können wir die Intelligenz unseres Körpers befragen. Eine solche Erziehung ist revolutionär, weil sie dem einzelnen Macht gibt. Sie fördert eine Lebenseinstellung, die auf jene Energie baut und vertraut, die alles Lebendige bewegt.

Ich kenne einen Arzt, der lange Zeit in seinem Erwachsenenleben seine Entscheide immer so traf, daß sie in seinen Lebenslauf paßten. Dieser sollte natürlich den Erwartungen der Gesellschaft gerecht werden: die richtigen Schulen, die richtigen Universitäten, die richtigen Assistenzstellen, die richtigen Bekannten usw. Da er ein Magenproblem hatte, dem er mit seinen Berufskenntnissen nicht beikam, suchte er einen Körpertherapeuten, einen Heiler auf, der ihm den Weg zu seiner Gesundheit wies. Der Therapeut riet ihm unter anderem, eine Körperdisziplin zu üben, was er dann auch tat. Er wählte eine der Kampfkünste und entdeckte dadurch in seinem Körper neue Kraft, Geschmeidigkeit und Beweglichkeit. Er übte täglich, und bald tauchten in allen Bereichen seines Lebens neue Gefühle auf. Nach einer Weile bemerkte er, daß seine Lebensgeschichte nicht mehr so aussah, wie sie sollte. Zuerst verwirrte ihn das, dann verstand er, daß sich seine Geschichte geändert hatte, weil er ein anderer geworden war. Er war anders, weil er nun seine Entscheidungen aus dem Innern heraus traf und nicht mehr danach schielte, wie sie in seinem Lebenslauf aussehen würden. Seine Verwirrung hielt nicht lange an, denn er bemerkte auch, daß sein Leben nun viel erfüllter war. Er konnte nicht einmal sagen, ob sein Curriculum-Leben je befriedigend gewesen war, denn er hatte nicht genügend gespürt, um dies zu beurteilen. Er ist noch immer Arzt, und zwar ein guter Arzt, der seinen Beruf mit Liebe ausübt. Rückblickend sagt er: «Ich war früher überzeugt, daß man verschiedene Dinge tun müsse, um etwas oder jemand zu sein. Dies leitete ich aus meinem Bild vom erfolgreichen Arzt ab. Nun merke ich, daß ich viele Jemands bin, nicht eine statische Person, die immer gleich bleibt. Ich war auf mein Curriculum fixiert. Als ich meinen Magen zu heilen begann und später mit Aikido anfing, wurde mir klar, daß ich nicht eine Lebensgeschichte bin, sondern eine Person, die viele verschiedene Stimmungen und Gefühle haben kann. Was mir früher wichtig war – Curriculum, gute Stellungen, das richtige Auto –, bedeutet nicht mehr so viel für mich. Ich fühle mich einfach anders und genieße, was ich tue. Ich gehe meiner Arbeit nach, die mir gefällt, doch eigentlich habe ich das Gefühl, den ganzen Tag zu trainieren. Wenn etwas schiefläuft, dann lasse ich mich nicht gleich aus der Bahn werfen, wie das früher vorkam. Ich kann mit schwierigen Zeiten viel besser umgehen und genieße die guten mehr.»

Was in unserem Erziehungssystem fehlt, sind Erfahrungen, die uns mit dem inneren Wissen vertraut machen. Anleitungen zum Körpererleben würden die Bedingungen schaffen, unter denen sich das Körperwissen und das Verantwortungsgefühl entwickeln könnten, die unserer Selbstheilungskraft und Lernfähigkeit zugrunde liegen. Anzustreben wäre ein erzieherisches Umfeld, in dem über den Körper Prinzipien wie Geerdetsein, Energie, innere Mitte, Ausdruck, Gleichgewicht, Kontakt, Entspannung, sinnvolles Handeln und Sensibilität vermittelt würden.

Das Erlernen dieser Prinzipien würde zwei Zwecke erfüllen. Erstens würde dadurch ein Raum geschaffen, in dem die einfachsten Ausdrucksformen unserer Erregungskraft und das Wie ihrer Äußerung gewürdigt würden. Zweitens könnte es zur Basis für weiteres Lernen und für die Arbeit mit alltäglichen Verwirrungen und Krisen werden. Das würde heißen, daß sämtliche Formen der Ausbildung – Computertraining, kaufmännische oder handwerkliche Lehre, Studium der Wissenschaft oder Kunst – auf der Grundlage der Körperprinzipien stünden. Diese energetische und körperliche Grundlage wäre der Boden für weiteres Lernen und Wachsen. Das vorliegende Buch möchte diesen beiden Anliegen zum Durchbruch verhelfen.

Verschiedene Techniken vermögen uns mit dem Körper und der körpereigenen Weisheit zu verbinden. Wir können mit Tiefengewebsmassage an unserer Haltung arbeiten; wir können durch sanftere Berührung und weiche Bewegungen eine innere Wandlung anregen; wir können den Atem und Töne verwenden, um an die Gefühle heranzukommen; Massage und Phantasiereisen für die Entspannung; Druckpunkte, Diät, Körperübungen und Akupunktur für die Gesundheit; und bewußte Bewegung, damit sich Grazie und Harmonie einstellen können. Doch ganz abgesehen von der gewählten Technik oder Methode hängt es von der Einstellung ab, in welche Richtung und Tiefe die Arbeit vordringt. Das nächste Kapitel zeigt nun auf, was es bedeutet, *durch* den Körper zu arbeiten.

Der Ansatz

Arbeit durch den Körper

«Der Mensch hat keinen von der Seele getrennten Körper»
William Blake

In diesem Kapitel soll die Absicht des vorliegenden Buches, die Erweckung der Körperweisheit, näher erläutert werden. Angesichts der heute so zahlreichen Körpermethoden und des jüngsten Fitneßbooms scheint es unumgänglich, sehr klar und deutlich zu sagen, was mit Arbeit *durch* den Körper gemeint ist.

Es mag eine Hilfe sein, die körperorientierten Ansätze in drei Gruppen einzuteilen: Arbeit am Körper, Arbeit mit dem Körper und Arbeit durch den Körper. Die Arbeit am Körper beschäftigt sich direkt mit den physischen Symptomen und Beschwerden, die unser normales Funktionieren in der Welt beeinträchtigen. Sie schließt Methoden wie chiropraktische Manipulation, Tiefengewebsmassage, Massage, Akupunktur, Polarity, Diät und reine Körperübungen ein. Man verwendet sie, um chronische Beschwerden wie Rückenschmerzen, Kopfweh, Verstopfung, Erschöpfung, Muskelverspannung usw. zu lindern.

Die Arbeit mit dem Körper verwendet Methoden wie Tiefengewebsmassage, Atemarbeit, Stimme, Ausdruck und Bewegungserziehung, sowie streßabbauende Übungen, um Emotionen freizulegen und Beweglichkeit zu fördern.

Die Arbeit durch den Körper, die Gegenstand dieses Buches ist, nimmt Verbindung auf mit der Grundlebensenergie, die durch jeden einzelnen von uns fließt sowie mit der Gefühlsstruktur, die aus dieser Energie entsteht. Alle oben erwähnten Techniken können in dieser Arbeit verwendet werden, nur ist die Einstellung, die Blickrichtung grundlegend verschieden. Durch den Körper arbeiten heißt, mit der inneren Erfahrung zu arbeiten und nicht etwa, sich um eine bessere Haltung oder die Befreiung von physischen Symptomen zu bemühen, eine bestimmte Gefühlsreaktion auszulösen oder sich eleganter bewegen zu lernen, obwohl all dies eintreten kann.

Dieser Ansatz vertritt den Standpunkt: wir sind unser Körper, und wir sind auch mehr als unser Körper. Durch den Körper nähern wir uns dem wesentlichen Kern unseres Wesens. In der Arbeit mit der körpergewordenen Person sagen wir: »Entspanne dich rund um den Kiefer«, und nicht: »Entspanne deinen Kiefer«. Der Körper wird zum Tor zu feineren Bewußtseinszuständen, durch ihn können wir die Prinzipien des Lebens und der Kreativität entdecken. In der Arbeit durch den Körper betrachten wir den Körper als die Gestalt unserer Erfahrung, in der emotionale, intellektuelle, spirituelle und physische Gestalt vereint sind.

In der Arbeit durch den Körper geht es nicht darum, diesen zu perfektionieren oder zu verherrlichen. Arbeit durch den Körper heißt, eine Weisheit ausgraben, die in unserer Gesellschaft oft vernachlässigt und verleugnet wird. Es geht um die Weisheit der Gefühle, des Mitleids und der Intuition. Dieser Erfahrungsansatz weiß zutiefst, daß ein Gelähmter, der an den Rollstuhl gefesselt ist, ganz Körper werden kann. Er weiß auch, daß ein Armloser noch immer die Fähigkeit besitzt, die Arme auszustrecken, zu geben und zu empfangen, daß Geerdetsein nicht unbedingt eine Sache der Beine ist. Geerdetsein ist Sache und Ausdruck des Geistes, unserer Aufmerksamkeit und Energie, und der Art, wie sich diese im Körper bewegen. Im tiefsten Sinn ist das Ziel einer solchen Arbeit, dem universellen Geist oder der universellen Energie, die alles vereint und die Quelle allen Lebens ist, zu erlauben, unser Leben zu lenken und uns Einsicht zu schenken.

Wenn man mit jemandem durch den Körper arbeitet, bedeutet das, daß man an der Qualität, den Möglichkeiten und am Rhythmus seiner Energie interessiert ist. Jemanden durch seinen Körper geleiten, heißt sehen, wie er seine Energie zurückhält, ausdrückt und wie er sie erweckt. Die Art, wie wir mit unserem Energiesystem in Fühlung sind, entspricht der Art, wie wir Kontakt schaffen, und wie wir Kontakt schaffen drückt aus, was unserm Leben Bedeutung gibt. An den verschiedenen Ausprägungen der Energie und der Art, wie sie sich im Körper bewegt, können wir erkennen, wer wir in der Gegenwart sind und was wir in der Vergangenheit verdrängt haben. An der Art, wie unsere Energie mit der Welt kommuniziert, können wir erkennen, wie stark wir uns auf das versteifen, was wir sind und wie wir nach dem suchen, wonach wir uns sehnen.

Wenn wir durch den Körper arbeiten, nehmen wir mit der Person und ihrer Energie Kontakt auf über ihre Gesten und Bewegungen, über den Klang ihrer Stimme, ihren Wunsch nach Nähe oder Ferne, ihre Haltung, ihre Reaktion auf Druck und die Art, wie sie ihre Vorstellungen und Gedanken in Handlungen umsetzt. Die Art, wie wir fühlen, denken, uns ausdrücken und in Beziehung stehen, spiegelt unseren Energierhythmus wider. Arbeit durch den Körper bedeutet in erster Linie, die Muster der Erregungskraft und den energetischen Rhythmus des Ausdrucks wahrzunehmen, bevor wir uns auf die kognitive Ebene begeben. Die Energiearbeit befaßt sich mehr mit unserm Lebensrahmen als mit dessen Inhalt. Wie eine Person ist, sagt mehr aus als ihre Äußerungen oder ihr Beruf.

In der Arbeit durch den Körper tritt man mit drei Ebenen einer Person in Kontakt: mit ihrer aktuellen Situation, mit dem, was sie jetzt ist; mit ihren historischen Mustern, die sie zu dem gemacht haben, was sie heute ist; und mit ihrer Zukunft oder dem, was sich nun an Ausdruck und Vitalität verkörpern will (meistens das, was in der Vergangenheit unterdrückt worden ist).

In der Arbeit durch den Körper lenken wir die Aufmerksamkeit zuerst auf die unmittelbare Erfahrung. Die Art ihrer Energie steht im Vordergrund und ist vermutlich bestimmend für die Art, wie wir in Streßsituationen reagieren. Der ihr entsprechende Ausdruck hat sich für unser emotionales, mentales und physisches Überleben am besten bewährt. Wenn wir ihn näher betrachten, sehen wir, daß wir unsere Lebenshaltung körperlich zum Ausdruck bringen. Wenn wir z. B. gleichgültig, vage und lustlos sind, dann zeigt sich das in unserem Muskeltonus und in der Art, wie wir unsere Energie abblocken und matt machen oder in einer flachen Stimme oder der Unfähigkeit, tief durchzuatmen. Wie immer es auch ist, zuerst müssen wir die Aufmerksamkeit auf das, was ist, lenken ohne es unbedingt verändern zu wollen. Dies kann geschehen, indem wir die vorhandene Energiebeschaffenheit durch Bewegung, Berührung oder Ton verstärken oder sie einfach in der Stille, tief in unserm Innern, erfahren.

Sobald wir mit dem «Was ist» unserer Situation in Kontakt sind, taucht womöglich seine Geschichte auf. Das kann in Form von Gefühlen, Erinnerungen oder Bildern der Vergangenheit geschehen, die Aufschluß über die gegenwärtige Situation geben. Die Geschichte kann im Körper gespeichert sein in Form von Verspannungen, Steife, Verkrümmungen oder chronischem Druck. Die Arbeit durch den Körper ermöglicht es, solche Wunden aufzudekken und zu integrieren in die Person, die wir jetzt sind. Die Arbeit an der Vergangenheit darf allerdings nicht von dem ablenken, was im Moment erfahren und gelebt wird. Daher kehrt diese Art Körperarbeit immer und immer wieder zu der Energie zurück, die wir in diesem Augenblick erleben und erfahren.

Der dritte Schritt wendet sich dem zu, was ins Leben treten will; es mag der Wunsch sein, die Arbeit zu wechseln oder der Drang, einen alten Ärger endlich loszulassen oder vielleicht das unausgedrückte Bedürfnis, endlich Glück und Liebe anzunehmen oder ein Verlangen nach Kontakt. Einige Teile wollen in eine neue Daseinsform übergehen, neue Ausdrucksformen und eine neue Qualität der Erregungskraft finden.

Wie auch immer das Bedürfnis beschaffen ist, die Arbeit konzentriert sich in dieser Phase darauf, das alte, erworbene Reaktionsmuster zu durchbrechen. Dabei treten oft plötzlich neue Reaktionen auf, die Öffnung und ein neues Gefühl der Lebendigkeit nach sich ziehen. In dieser Phase der Öffnung können wir durch gezielte Übungen, bestimmte Bewegungsabläufe und das Ausüben einer Disziplin den verkümmerten, matt gewordenen Teil beleben und das fördern, was unterdrückt war und nun nach Ausdruck ringt. Mit diesen Übungen arbeiten wir an der Haltung, an Muskelverspannungen, Gestik, Atem und inneren Bewußtseinszuständen. Sie sollen die Person über den Körper ansprechen und sind nicht als mechanische Verfahren gedacht, die gewisse festgelegte Reaktionen hervorrufen.

Was auch immer vorliegt – ob nun extreme Aggression, die andere abstößt, ein Klammern, das die andern erschreckt, kalte, distanzierte Kritiksucht oder Verführung, die andere Menschen manipuliert –, die Arbeit durch den Körper soll uns ermutigen, über das bloße Verstehen hinaus zur körperlichen Erfahrung dessen vorzudringen, was wir geworden sind. Wir werden dadurch zu verantwortlichen, reifen Menschen, die fähig sind, zu entscheiden und die Werte zu leben, die uns wichtig sind.

Wenn wir nun die Reise in unsern Körper antreten wollen, müssen wir zuerst erkennen können, wann wir nicht in unserem Körper leben. Indem wir mit der physischen Ausdrucksform unserer Neurose – d. h. der erworbenen Tendenz – in Kontakt treten, erfahren wir, wie wir uns von uns selber abtrennen, wenn wir verwirrt oder in einer Umbruchphase sind. Dieses Wissen steht am Anfang des Weges zum integrierten Körperleben und zur Entdekkung unserer eigenen Lernquelle. Indem wir einfach betrachten, was ist, können wir spüren, wie wir Körper, Gedanken und Sprache auf eine Art formen, die uns von der aktuellen Situation ablenkt. Wenn wir unsere erworbene Tendenz erleben, schafft dies die Grundlage, auf der wir unser Leben im Körper beginnen können.

Die Grundlage

Die erworbene Tendenz

«Herr Dufy wohnte unweit seines Körpers.»
James Joyce

Während unserer Entwicklung treffen wir bewußt und unbewußt gewisse Entscheidungen, um unser physisches, soziales und emotionales Überleben zu sichern. Diese Entscheidungen schaffen Haltungen, die umgekehrt wieder unsere Erfahrung in der Welt bestimmen. Wenn eine Entscheidung in einer äußerst traumatischen Situation getroffen wird, bildet sich in diesem einzigen, einschneidenden Moment eine Haltung. In andern Fällen entstehen mit der Zeit Verhaltensweisen als Reaktion auf gewisse wiederkehrende Eindrücke. Entscheidungen, die zur Bildung von Haltungen führen, sind immer zu einem gewissen Maße Kompromisse. Wir opfern einen Teil unserer selbst, wir lassen ihn verkrüppeln oder verkümmern, damit wir als Ganzes überleben können. In einem gewissen Sinn ist diese Art Selbstverstümmelung eine intelligente Handlung, da sie unser Überleben sichert; zugleich wird sie aber auch zum Kern unserer Neurose.

Hier ein einfaches Beispiel aus unserer Zeit. Ein Kind, das den ganzen Tag mit dem Kindermädchen verbracht hat, sieht seine Mutter die Straße herunterkommen. Wie es ihr aufgeregt entgegenläuft, läßt der Nachbar gerade den Benzinmotor seines Rasenmähers anspringen. Das Kind kann auf verschiedene Arten reagieren, doch nehmen wir an, es erschrecke; seine Freude, die Mutter zu sehen, schlägt in Angst um, und es läuft weinend zu ihr. Die Mutter nimmt es auf und sagt schnell zu ihm: «Schon gut, nun brauchst du keine Angst mehr zu haben.» Doch das Kind ist noch immer verängstigt und schreit weiter. Sie verlangt, daß es aufhöre und droht, es auf den Boden zu stellen. Der Gedanke, von seinem Liebesobjekt getrennt zu werden, erschreckt das Kind zusätzlich, und es schreit noch lauter. Sie stellt es auf den Boden. Um die Mutter zu besänftigen, beißt es nun auf die Zähne und hält den Atem an, um seine Angst nicht mehr zu spüren und nicht mehr zu weinen. Die Mutter nimmt es wieder auf den Arm und belohnt seine Reaktion, indem sie sagt: «Nun bist du ein guter Junge.»

Wenn diese Episode sehr eindrucksvoll ist oder sich öfter wiederholt, dann lernt das Kind, seinen Atem anzuhalten und auf die Zähne zu beißen, sobald es Angst oder Schrecken spürt oder sobald es mit unerwarteten Veränderungen konfrontiert ist. Die Botschaft lautet: Annahme und Liebe erfährst du nur, wenn du rasch über deine Tränen und Ängste hinwegkommst. Diese Botschaft fördert die Haltung, daß es nicht annehmbar ist, sich schwach und verletzlich zu zeigen. Diese sehr verbreitete Haltung schlägt sich physisch in den Muskeln nieder, was wiederum die Art unseres Lebensbezugs beeinflußt. Der Junge in unserm Beispiel wird lernen, auf eine bestimmte Weise die Zähne zusammenzubeißen und das Zwerchfell zu verkrampfen. Wenn ihm dies zur Gewohnheit wird, wenn er seine Muskeln nicht mehr entspannen und seine Gefühle nicht mehr ausdrücken kann, werden wahrscheinlich mit der Zeit noch weitere Symptome auftauchen. Das Zusammenbeißen der Zähne kann sich auf Augen, Ohren und Zähne auswirken oder zu Kopfweh führen. Ein verkrampftes Zwerchfell kann Asthma, Rückenschmerzen oder Verdauungsprobleme nach sich ziehen.

Als emotionale Folgen dieser Verkrampfungen können plötzliche, heftige Gefühlsausbrüche bei sonst ruhigen, «braven» Menschen auftreten.

Wir alle haben ein Repertoire an erworbenen Reaktionen. Wenn wir aus dem Gleichgewicht geraten, überflutet ein Energiestrom unser System und wir finden uns wieder in einem Strudel von Gedanken, Gefühlen und Empfindungen, sind desorientiert und verwirrt. Eine Krankheit, der Abbruch einer Beziehung, das Antreten einer neuen Arbeit, ein Umzug, Streit mit dem Chef oder Schwierigkeiten in der Ausbildung, all dies können Auslöser einer

Krise sein. Im Bemühen, in der Krise wieder vertrauten Boden unter die Füße zu kriegen, verlassen wir die wirklich vorhandene Situation und beachten die Energie nicht, die uns durchströmt. Wir verfallen in ein bekanntes Verhaltensmuster. Das ist die erworbene Tendenz, der physische Ausdruck unserer Neurose. Die einen verteidigen sich, andere schrumpfen zusammen und machen sich klein oder intellektualisieren die Situation ohne sie wirklich zu spüren. Wir alle haben unseren persönlichen Schutzwall, der uns vor jenen Aspekten der Realität schützt, mit denen wir nicht einverstanden sind oder die uns aus dem Gleichgewicht bringen. Er besteht aus Verhaltenstendenzen, einer Identität, die wir annehmen können, wenn wir spüren, daß unser Überleben auf irgendeiner Ebene bedroht ist. Diese Verhaltenstendenzen wurden, wie ich bereits erwähnte, geformt durch Erfahrungen, die wir in unserer Familie, der Schule, unserer religiösen Erziehung oder in der Umgebung, in der wir aufwuchsen, gemacht haben – kurz, im Umfeld unserer sozialen und ethischen Erziehung. Irgendwann in unserer Entwicklung waren diese Verhaltenstendenzen nützlich und wertvoll für unser Überleben. Heute stellt sich jedoch die Frage: «Sind sie noch immer nützlich und wertvoll?»

Sobald eine erworbene Tendenz auftaucht, spannen sich die Muskeln und passen Atmung und Haltung der Tendenz an. Die Tendenz, die uns durch jahrelange Übung in Fleisch und Blut übergegangen ist, übernimmt die Führung, und wir verlieren den Kontakt zum Moment. Wir sträuben uns dagegen, uns für den gewaltigen Energiestrom zu öffnen, der durch die Krise frei wird.

Die somatische Arbeitsweise gibt uns Gelegenheit, physisch und energetisch zu erfahren, wie wir zu unseren erworbenen Tendenzen werden. Da uns Veränderungen buchstäblich durch Mark und Bein gehen können, ist es eigentlich ganz natürlich, anhand des Körpers zu beobachten, wie wir uns ausbreiten, zusammenziehen und durchs Leben bewegen. Unser Leben findet ganz einfach in der physischen Form statt. Durch sie spüren wir die Erregungskraft, die uns durchströmt, wenn wir aufgebracht sind; durch sie können wir unsere Verspannung wahrnehmen, z. B. wenn wir die Schultern bis zu den Ohren hochgezogen haben. Und wenn wir auf den Atem achten, erfahren wir mehr über unsere Gefühlswelt. Unsere erworbene Tendenz, die Art, wie wir uns zur Welt in Beziehung setzen, ist auf natürliche Art mit unserem Körperleben verbunden.

Die erworbene Tendenz kann viele Formen annehmen, doch das Rationalisieren ist bei weitem die verbreitetste Form des Ausweichens. Kognitives Erkennen ist oft ein Weg, die Gefühle zu umgehen. Indem wir uns in Gedanken verwickeln, vermeiden wir Gefühle, Gesten und Äußerungen, die früher auf Mißbilligung oder Ablehnung gestoßen sind. Wir rationalisieren unser Dilemma, um die Ablehnung emotional zu überleben. Wir unterdrücken unsere natürlichen Wünsche und unsere Erregungskraft, um zu möglichst braven Jungen oder Mädchen zu werden. Während wir darüber nachdenken, wie wir andern gefallen könnten, wütet in unsern Gedärmen brodelndes Feuer. Durch unsere Tendenz, andern genügen zu wollen, unterdrücken wir einen Teil von uns; und stehen da mit leblos hängenden Armen, denen das Ausgreifen verboten worden war; mit zugeschnürter Kehle, der gesagt wurde, sie solle nicht zu laut sprechen; und mit Geschlechtsteilen, aus denen sich die Sexualität zurückgezogen hat.

Eine andere Form des Ausweichens ist die Rebellion und das Bemühen, der Unterdrückung Herr zu werden. Solche Leute haben sich selber die Gestalt eines unnachgiebigen Neins gegeben. Sie sind ewig Halbwüchsige, die noch immer Schlachten führen, die sie Jahre zuvor nicht führen konnten. Mit einer solchen Haltung verkrachen wir uns sogar mit den Menschen, die unser Bestes wollen. Wir kapseln uns in eine Kampfhaltung ein und verlieren das Unterscheidungsvermögen. Wir sind nicht mehr fähig, das Aufbauende anzunehmen und das Unwesentliche beiseite zu stellen. Sobald etwas Unerwartetes eintritt, reagieren wir defensiv. Wir gehen davon aus, daß wir übervorteilt werden und bauen Abwehr auf. Wir spannen zum Beispiel Beine und Füße an, um auf dem Boden zu bleiben, und atmen nicht vollständig aus, um ein falsches Gefühl von Größe und Stärke entstehen zu lassen. Da wir so jedoch unsere Flexibilität einbüßen, schwächen wir durch diese Muskel- und Geisteshaltung unsere Stabilität, so daß wir letztlich viel verletzlicher sind.

Welchen Ausdruck wir auch wählen – schüchtern und gefügig, aufgeblasen und abwehrend oder abseits distanziert –, die emotionale Operation zerstückelt uns in viele Teile und läßt uns unsicher werden, wer wir wirklich sind. Da wir immer nach außen schielen, ob wir wohl auf Ablehnung stoßen, fällt es uns sehr schwer, einen einheitlichen, authentischen Ausdruck zu finden.

Doch gerade die erworbene Tendenz, der neurotische Ausdruck, bildet die Grundlage für die Arbeit an unserm Ungleichgewicht. Die in ihr gebundene Energie kann unser zukünftiges Sein bereichern, durch sie können wir unsere unterdrückten Teile entdecken. Unser Zwerchfell zu verkrampfen, um die Sehnsüchte im Brustraum einzudämmen, braucht zum Beispiel sehr viel Energie. Wenn wir nun die Verkrampfung noch übertreiben oder sie durch Atem, Bewegung und Berührung entspannen oder unserem Bewußtsein einfach erlauben, mit ihr in Kontakt zu sein, dann arbeiten wir direkt mit der Energie der erworbenen Tendenz. Diese Energie, gleichgültig, ob sie nun zum Zusammenziehen oder zum Ausbreiten verwendet wird, kann uns helfen, unser wahres Sein besser zu verwirklichen.

Dieser Weg der direkten Erfahrung unterscheidet sich wesentlich vom lediglichen Sprechen darüber, warum wir so geworden sind und wie unsere mißliche Lage logisch zu erklären sei. Dies mag uns zwar interessante Einsichten bringen, doch wenn wir zugleich mit der Erregungskraft selbst arbeiten, können unsere Lebensäußerungen reicher und lebendiger werden. Wenn Einsicht und Verkörperung sich verbinden, entsteht in uns eine Vision, wobei wir gleichzeitig mit den Füßen fest auf dem Boden stehen. Unser Leben wird dann zur Reise auf diese Vision zu.

Gerard

Gerard begann in einer Phase des Umbruchs an sich selbst zu arbeiten. Als Direktor einer Firma war er erfolgreich im Berufsleben, doch war er unfähig, eine dauerhafte, intime Beziehung aufrechtzuerhalten. Seine Frauenbeziehungen endeten immer damit, daß er verlassen wurde, und er war sehr verbittert über diese Zurückweisungen. Nachdem er jahrelang die Frauen angeklagt hatte, weil sie ihn verlassen hatten, begann er zu ahnen, daß auch er zu diesem Drama der unerfüllten persönlichen Beziehungen seinen Teil beitrug.

Gerard wirkte flach und eindimensional, was auch in seinem Körper zum Ausdruck kam. Sein Gewebe hatte wenig Tonus. Seine Bewegungen waren entschlossen, kühl und langsam – gletscherartig. Seine Stimme erinnerte an diejenige von Ansagern auf dem Flughafen. Am auffälligsten aber war die Reglosigkeit seiner Brust. Es schien, als laste eine riesige Hand auf seinem Brustbein. Dadurch rollten sich die Schultern nach vorne, und sein Kopf fiel vornüber auf die eingesunkene Brust.

Gerard ahnte, daß die Beziehung zu seiner Mutter seine Frauenbeziehungen prägte. Wenn er es nur «wissen» könnte. Er war sicher, daß die erfolgreiche Analyse seiner Mutterbeziehung eine dauerhafte Beziehung zu einer Frau ermöglichen würde. So bewegte sich Gerard zwar langsam, wie ein Reptil, das an die Sonne kriecht, doch sein Geist war unstet und fand keine Ruhe.

Ich bat Gerard, sich auf den Rücken zu legen und seinen Atem zu beobachten. Ich legte meine Hand auf seine Brust und forderte ihn auf, den Kontakt zwischen uns zu spüren. Dazu ermunterte ich ihn, die Dinge im Raum wahrzunehmen anstatt seinen Ideen und Plänen nachzuhängen. Es fiel Gerard sehr schwer, in seine Brust zu atmen und sich der Wärme meiner Hand hinzugeben. Er konnte intensive Empfindungen oder Gefühlsregungen kaum ertragen. Nach wenigen Momenten der Berührung oder des Atmens überkam ihn jeweils ein heftiger Hustenanfall. Gerard war nicht fähig, seine eigenen Empfindungen und seine Erregungskraft zu ertragen, doch er wollte immer noch «wissen». Das «Wissen wollen» war seine Art, den Atem, den Husten, die Gefühle und sein Innenleben abzublocken. Das Wissen war der Gott, dem Gerard seine Lebenskraft opferte. Seine Neurose hatte sich physisch in der Brust niedergeschlagen, und seine erworbene Tendenz zeigte sich in seinem Ausweichen in den Kopf und in Beschimpfungen, sobald er zuviel fühlte. Diese Beobachtungen wurden zur Arbeitsgrundlage. Mir schien, daß Gerard bereits genug «wußte».

Gerard begann nun, mit dem Druckgefühl in seiner Brust, seinen Hustenanfällen und den Bildern, Symbolen und Erinnerungen, die auftauchten, Kontakt aufzunehmen. Am Anfang wehrte er sich dagegen, indem er dauernd fragte, warum er bei tiefer Einatmung fast ersticken würde und unablässig von Phantasien sprach, die ihn in die Gesellschaft von wünschenswerten Frauen versetzten. Doch durch die wiederholte Erfahrung seiner erworbenen Tendenz begann er, sich seinem Körperleben zu öffnen und einige wichtige Aspekte seiner selbst zu entdecken.

Zum ersten Mal spürte er das Loch und die Taubheit in seiner Brust. Es ließ ihn erkennen, wie sehr er Intimität fürchtete. Er sah plötzlich, daß er sich zurückzog, indem er Kehle, Brust und Geschlechtsteile verkrampfte, sobald ihm jemand zu nahe trat, physisch, emotional oder psychisch. Derart abgekapselt, war es ihm unmöglich, Kontakt zu schaffen und seine Erregungskraft zu bewahren und sinnvoll auszudrücken. Er glich einem Ballon, der mit einer Schnur in drei getrennte, nicht verbundene Abschnitte unterteilt worden war. Es gelang ihm nicht, sich einheitlich auszudrücken. Um den Druck seines unterteilten Lebens zu mildern, hatte er sich angewöhnt, seine Erregung wegzuhusten, seinen Atem ruhig zu halten oder in Phantasien abzudriften. Er erkannte, daß er dieses Muster sowohl in seinen Frauenbeziehungen als auch in Geschäftsbeziehungen häufig anwandte. Als Gerard sich mit seiner erworbenen Tendenz anzufreunden begann, wuchs seine Bereitschaft, mit sich selbst zu arbeiten. Er war nicht mehr so sehr darauf aus, über seine Angst zu springen. Er war eher bereit, seine erworbene Tendenz als etwas Brauchbares zu betrachten und wollte sie nicht mehr einfach loswerden.

Die Arbeit mit seinen Erstickungsanfällen hatte die Erinnerung hochgebracht, daß er als Junge beinahe ertrunken wäre. Diese Einsicht war für Gerard so aufregend, daß er innehalten und daran weiterarbeiten wollte. Ich schätzte seine Einsicht, doch ich hielt ihn an, weiter mit der Erregungskraft in Kontakt zu bleiben, die im Husten festgehalten war. Als er tiefer in die Wellen seiner Erregungskraft eintauchte, stieg eine plötzliche Wut in ihm auf und seine Stimme, die augenblicklich frei von Husten und Stammeln war, ertönte aus voller Kehle. Später erzählte er, daß aus der Erinnerung an sein Erlebnis des Ertrinkens seine Mutter aufgetaucht war, die hilflos dastand und Angst hatte, sich ihm zu nähern. Er erlebte die Wut darüber wieder und erfaßte, daß er ihr danach nie mehr wirklich hatte trauen können. Ihm wurde klar, daß er unbewußt sein Mißtrauen auf alle Frauen übertragen hatte. In seiner weiteren Arbeit integrierte er diese wertvolle Einsicht, so daß er seinem eingesperrten Körper wieder Leben geben konnte.

Die Arbeit mit Gerard zeigt, daß wir die erworbene Tendenz nicht als etwas Falsches oder als komplexes Problem betrachten müssen, das zu lösen ist. Sie kann uns den Weg verstellen, doch sie kann uns auch den Impuls schenken, uns auf ein erfüllteres Leben zuzubewegen.

Es folgt ein einfaches Beispiel, das die erworbene Tendenz veranschaulicht. Es ist eine Aikido-Übung, die uns erfahren läßt, wie wir auf Druck reagieren.

In dieser Übung greift ein Partner fest und unerwartet, meistens von hinten, nach unserem Arm. Der Griff löst einen Energieschub aus, auf den wir in der Regel mit der erworbenen Tendenz reagieren. In einer Gruppe zeigen sich deutlich verschiedene Charaktere. Der Duckmäuser wird klein und verschwindet unter der Intensität der Energie; der Abwehrer bläst sich auf und rüstet sich zum Angriff; der Intellektuelle tritt zur Seite und überdenkt die Situation; der Aktivist wird geschäftig, wirbelt herum und vergrößert das Chaos.

Die erworbene Tendenz wird wirksam, wenn wir unfähig oder nicht gewohnt sind, eine Intensivierung der Energie zu ertragen. Wir reagieren auf einen plötzlich eintretenden Energieschub, indem wir ausrasten, d. h. unangemessen mit einem starren, unbewußten Muster antworten. Fast alle erfahren bei diesem Griff, daß die Erregungskraft sehr rasch in den Kopf aufsteigt. Sobald wir gepackt werden, wird unser System überflutet mit Energie, Empfindungen, Gefühlen, Temperaturen, Bewegungen, Vibrationen und Pulsation. Da wir so viel Leben auf einmal nicht ertragen können, fliehen wir in den Kopf, etikettieren die Erregungskraft, die uns überrumpelt, und schlüpfen in unsere erworbene Haltung, die zu diesem Etikett paßt. Wenn unsere Tendenz z. B. dahingeht, daß wir uns für unsere Energie schuldig fühlen, werden wir die Schultern und den Kopf einziehen, sobald man uns anfaßt. Wir verlieren den Überblick und versuchen, die Situation in den Griff zu kriegen, indem wir in den Kopf abdriften, ins «Wissen». Dieser Versuch, die Ordnung durch ein Etikett wieder herzustellen, schlägt sich in einer entsprechenden Muskelhaltung nieder. Die erworbene Tendenz will die Vorgänge einfrieren, doch die dafür notwendige Anstrengung ist unangenehm, wenn nicht sogar schmerzhaft.

Wenn wir nicht in den Mechanismus unserer Tendenzen verfallen, haben wir Gelegenheit, den Energieschub als Kraftquelle zu erleben. Anstatt über den gewaltigen Energieschub außer uns zu geraten, können wir ihn auch als Freund begrüßen und daraus wertvolle Informationen für die Bewältigung der Situation ziehen. Es kann dann sogar die Vermutung auftauchen, der Energieschub sei aufgetreten, um uns den Umgang mit der Situation zu erleichtern.

Ich habe diese Greifübung in den letzten Jahren vielen Leuten gezeigt und daraus zwei wichtige Grundeinsichten gewonnen. Erstens ist es klar, daß alle Schüler der Kampfkünste unbedingt zuerst lernen müssen, mit der eigenen Energie umzugehen, bevor sie irgendeine Verteidigungstechnik wirklich anwenden können. Wenn wir in Streßsituationen mit unserer eigenen Energie nicht richtig in Kontakt sind, dann ist es wenig wahrscheinlich, daß wir mit einem Angreifer richtig umgehen können. Wenn wir nicht auf unsere Tendenz achten, den eigenen Energieschub abzublocken und einzufrieren, dann brauchen wir uns nicht einzubilden, wir könnten mit der Energie eines anderen umgehen. Deshalb bringen wir den Leuten zuerst bei, mit ihrer eigenen Erregungskraft vertraut zu werden, bevor wir ihnen Techniken zeigen. So kann die Technik aus dem Gefühl der Harmonie mit sich selber heraus wachsen und ist nicht eine mechanische Anwendung von eingespielten Bewegungen.

Zweitens ist unsere Reaktion auf das physische «Gepacktwerden» die gleiche wie auf andere Formen von Druck, sei er geistig, emotional oder beziehungsmäßig. Wir verfügen nicht über ein ganzes Repertoire an Tricks und Reaktionen, sondern wir haben eine einzige Antwort, die wir entwickelt und verfeinert haben. So gesehen, ist die Übung auch eine Metapher für alle Situationen, in denen wir gepackt werden: für das Klammern einer geliebten Person, die im Sterben liegt; den Zugriff des Verfolgungswahns; den

Griff von jemandem, der dich übertrifft. So kann der Griff ein konkretes Ereignis mit einer wirklichen energetischen Reaktion sein (wenn uns jemand wirklich packt) und uns gleichzeitig Aufschluß darüber geben, wie wir uns in unserem Alltagsleben verhalten. Er kann uns in der Körpersprache zeigen, wie wir uns mit uns selbst, mit anderen und der Umwelt verbinden oder uns zurückziehen. Es ist ein Experiment, das in unserem eigenen Labor stattfindet. Ich werde den Griff und seine metaphorische Bedeutung im weiteren Verlauf des Buches wieder aufgreifen.

Sowohl im konkreten wie im metaphorischen Kontext läßt uns der Griff erkennen, wie wir mit oder gegen uns arbeiten. Die erworbene Tendenz oder Neurose wird aufgedeckt und wird gleichzeitig zur Grundlage, auf der wir ein gewisses Maß an Achtsamkeit aufbauen können. Die körperlich erlebte Neurose wird zum äußerst wichtigen Bezugspunkt im Prozeß des Lernens und der Verkörperung. Wenn wir unsere Körperprozesse aufmerksam verfolgen, spüren wir, wie wir unseren Körper in die erworbene Tendenz hineinmanövrieren: wir spüren, wie wir den Kontakt zu unseren Füßen abbrechen, wie wir das Geschlecht abblocken, wütend auf den Angreifer losgehen (der vielleicht unser Boß ist, unser Ehegatte oder ein Angestellter), oder wie wir uns ducken und Opfer unserer eigenen Energie werden. Wie auch immer unsere eingespielte Reaktion aussehen mag, sie äußert sich als kinästhetische Stimmung, ist körperlich erfahrbar als Muster unserer Energienatur.

Wenn wir unsere erworbene Tendenz erkannt haben, können wir diese Einsicht ausdehnen und unser Eingebettetsein in die Körper- und Energieprozesse, den Rhythmus der Erregungskraft, erfahren. Dieser Rhythmus ist Ausdruck der Energie, die uns alle zu jedem Zeitpunkt unseres Lebens berührt. Der nächste Schritt auf dem Weg zu unserem Körperleben bringt uns diesem Rhythmus näher.

Der Rhythmus der Erregungskraft

«Durch meine Taten ... lehre meinen Geist.»
William Shakespeare

Jeder von uns hat seinen eigenen energetischen Rhythmus oder Stil. Dieser bestimmt, wie wir Kontakt schaffen, wie wir uns in Umbruchzeiten bewegen, wie wir arbeiten oder spielen, wie wir Dinge gestalten und wie wir unsere Tage verbringen. Am offensichtlichsten zeigt sich unser Stil in neuen Situationen, wo wir uns tendenzmäßig entweder sofort ausbreiten oder zurücknehmen. Es gibt Leute, die sind wie die Fühler einer Schnecke, die sich rasch zurückziehen, wenn sie plötzlich angefaßt werden. Andere sind wie große, zottige Hunde, die darum betteln, liebkost und gestreichelt zu werden. Unsere erste Reaktion ist in jeder Situation dieselbe. Sie kann einen Bruchteil einer Sekunde dauern, doch sie ist da. Das ist die erworbene Tendenz. Aus dieser Anfangsbewegung nach außen oder nach innen gehen wir im Idealfall zu unserem Rhythmus der Erregungskraft über.

Unsere Erregungskraft mit ihrem rhythmischen Pulsieren durchläuft vier verschiedene Phasen: das Erwachen, das Wachsen, die Fülle und die Erfüllung. Wir können diese vier Phasen als Leitfaden betrachten, an dem wir beobachten können, wie wir energetisch mit uns selbst umgehen. Die Idee der Phasen stammt aus der Beobachtung der Natur, des Mondzyklus, der Gezeiten und des Atemgeschehens. Unsere Erregungskraft durchläuft im Körper die Jahreszeiten: Geburt und Erwachen, Wachstum und Aufbau, Reife und Fülle und zuletzt Ausdruck und Vollendung.

Durch die erworbene Tendenz, die in unserer Vergangenheit entstanden ist und nun unsere Reaktionsmuster prägt, ist unser Rhythmus aus dem Gleichgewicht geraten. Irgendwann während unserer Entwicklung mußten wir alle einen Teil von uns verkümmern lassen, damit andere Teile wachsen und sich entwickeln konnten. Deshalb sind wir in gewissen Bereichen stärker und in anderen schwächer. Wenn wir zum Beispiel gelernt haben, vor unserer Intensität Angst zu haben, dann werden wir uns nie erlauben, uns voll auszudrücken. Wenn uns beigebracht wurde, immer positiv und ausdrucksfreudig zu sein, können wir sprudeln und andere Leute erheitern, doch nicht mit der Reife, die der Fülle unserer Energie entspräche. Wer gelernt hat, sich zusammenzuziehen, wird sehr schüchtern sein und in seinem Ausdruck wenig preisgeben. Wer sich dauernd entlädt, wird seiner Energie nie erlauben zu reifen. Manche können dauernd neue Projekte ins Leben rufen und sind nie fähig, sie zu Ende zu führen. Wenn weinen nicht erlaubt war, werden wir uns gut zu beherrschen wissen, doch büßen wir dadurch unsere Verletzlichkeit ein und es fällt uns schwer, loszulassen.

Ob es uns gefällt oder nicht, wir haben alle sowohl harmonische wie unausgeglichene Seiten, Stärken und Schwächen, neurotische und gesunde Teile. Wenn wir uns allerdings unseres Energierhythmus bewußt sind, treten wir nicht so leicht in unsere eigenen Fallen. Dieses Bewußtsein kann unsere Lebensform erweitern und vertiefen und uns helfen, mit uns und anderen tiefere Beziehungen aufzubauen.

Unsere Unausgeglichenheit zeigt sich in unserer Persönlichkeit und in unserem Körper; wir können sie zu unseren Verbündeten machen, die uns helfen, unsere Aufmerksamkeit und Energie an einen bestimmten Ort zu lenken. Das gibt uns die Möglichkeit, mit unserer Situation zu arbeiten, anstatt in mechanischen Reaktionen gefangen zu bleiben. Es geht nicht darum, das gestörte Gleichgewicht zu ändern, sondern es bewußt werden zu lassen und für die Arbeit mit uns selbst zu nutzen.

Stellen Sie sich vor, Sie seien jemand, der viele neue Projekte beginnt und dann nicht durchhalten kann, bis sie verwirklicht sind. Wenn Ihnen das bewußt ist, d. h. wenn Sie wissen, wo diese Tendenz in der Gestalt Ihres Körpers verankert ist, dann wissen Sie auch, wo Sie die Energie finden können, um sich von dieser Tendenz zu befreien.

Solche «Aufreißer» haben tausend Ideen, wie man neue Projekte beginnen kann, zeigen eine ausgeprägte Neugier, haben anregende Visionen und viele kleine Energieausbrüche im Laufe des Tages. Zugleich gehen sie ihren Inspirationen selten wirklich nach. Durch die körperliche Arbeit an diesem Thema kann solch eine Person spüren und erfahren, wie sich diese Unausgeglichenheit im Körper anfühlt. Sie bleibt dann nicht im Wissen darum stecken, sondern dringt einen Schritt tiefer vor und fühlt sie in ihrem Körper und Energiefeld. Dadurch können die Energie und Aufmerksamkeit viel schneller aus der Neurose befreit werden.

Das Erkennen unseres eigenen Stils hilft uns auch zu verstehen, daß der kreative Prozeß, der mit diesem Energierhythmus verbunden ist, seine eigene Zeit hat. Es passiert vielen Künstlern, daß sie nach einem ersten guten Roman, einer Platte, einem Bild oder einer Darbietung ausgebrannt sind, weil sie den natürlichen Rhythmus dieses kreativen Prozesses mißachtet haben. Sobald wir etwas von guter Qualität erschaffen haben, fühlen wir uns angespornt (manchmal sogar gezwungen), das gleiche zu wiederholen, als ob der kreative Prozeß in Flaschen abgefüllt und massenhaft produziert werden könnte. Wenn wir uns jedoch von unserem Körperrhythmus entfernen, werden unsere Bemühungen stumpf und uninspiriert. Wir können zwar mit dem kreativen Prozeß arbeiten, doch wir müssen dabei seinen Rhythmus und Pulsschlag respektieren. Die erste Phase dieses Rhythmus ist das Erwachen unserer Erregungskraft.

Erwachen

Die meisten, die zum ersten Mal ins Dojo kommen, sind erstaunt über die Regsamkeit, die Energie und Direktheit der Kontakte zwischen den einzelnen. Meistens sind diese neuen Schüler in ihrem Leben effizient und erfolgreich, doch diese neue Situation ist für sie verwirrend und fremd, vielleicht sogar etwas bedrohlich. Sie tun, was die meisten von uns in einer neuen Situation tun: sie geben sich schrecklich Mühe, das Richtige zu tun. Dadurch werden sie steif und sind mindestens einen Meter von ihrem Körper entfernt. Sie sehen aus, als ob sie verzaubert wären und ihren rechten Fuß nicht vom linken unterscheiden könnten. Sie sind einfach nicht präsent, und das hindert sie daran, zu lernen und zu kommunizieren.

Was ihnen fehlt, ist die Neugier. Ihr Bemühen, alles recht zu machen, ist echt, doch es hilft ihnen nicht zu erfahren, was wirklich vor sich geht. Das erfahren sie erst, wenn sie ihre natürliche Neugier und ihre Lust zu forschen wieder zulassen und sich fragen: «Wie fühle ich mich? Habe ich Angst? Bin ich aufgeregt? Kann ich sehen, wie sich die andern um mich herum bewegen?» Das sind zwar einfache Fragen, doch wenn wir sie aus unserem Körperleben heraus beantworten, gelangen wir sofort in unsere Mitte. Wir spüren die Energie, die durch unsere Beine strömt, das Kribbeln in unserer Hand und auch, wie wir den Atem zurückhalten oder loslassen. In Zeiten des Umbruchs fehlt uns häufig diese einfache Neugier und das Interesse, die für den Lernprozeß so wichtig sind. Neugier und Interesse sind die Schlüssel zu unserem Erwachen.

Wenn wir die Neugier verloren haben, lernen wir langsamer, mühevoller und werden geplagt von schmerzlichen Erinnerungen an vergangenes Versagen. Doch wenn wir dem, was wir tun und wie wir es tun, neugierig begegnen, verwandelt sich der Kampf um das richtige Tun in ein Forschen unseres Herzens, unserer Augen, Ohren und Gefühle. Wenn wir der Neugier nachgehen, beginnen wir, uns zu erwecken und zu inspirieren.

Wenn wir uns energetisch erwecken, antworten wir auf Impulse, Wünsche und Bedürfnisse. So, wie die ersten Erfahrungen mit der Schwerkraft das Kind begeistern und seinen Entdeckerdrang wekken, so beginnen wir, die Reaktionen unserer Erregungskraft auf Wünsche und Bedürfnisse zu entdecken. Die Welt rührt uns an und bewegt uns durch einen Kummer, einen Umbruch in der Beziehung oder im Beruf, das Wetter, eine wichtige Einsicht, die Begegnung mit einer neuen Person. Wenn wir auf solche Ereignisse nicht reagieren, sondern nur hinhören und sie beobachten, werden wir vielleicht ruhig und einsichtig, doch wir entwickeln uns nicht und breiten uns nicht aus. Die Reaktion auf ein Verlangen bildet den Grundstein für das Wachstum. Mit «Verlangen» ist hier der tiefe, alte Impuls gemeint, der uns unserem Wesen näherbringt, nicht das Erhaschen von Süßigkeiten und Dankbarkeit.

Es gibt Zeiten der Ruhe, in denen wir schauen und lauschen, wer wir sind. Und es gibt Zeiten, in denen es notwendig ist, unseren Wünschen und Bedürfnissen nachzugehen. Dies ist der Weg der Leidenschaft. Wir bringen alles, was wir sind, in unsern persönlichen Prozeß ein und lassen daraus eine würzige, reichhaltige Suppe entstehen.

Durch Neugier und Interesse finden wir den Zugang zu unserer Energie. Beide zusammen können uns in Bewegung bringen. Sie erschaffen keine neue Energie, doch sie erlauben uns, die allgegenwärtige Lebensenergie anzuzapfen, indem wir unsere Aufmerksamkeit darauf richten. Wenn wir aufmerksam auf uns selber achten, können wir Wärme und Bewegung spüren, die uns wecken. Das Verlangen wächst und wird zur Absicht, das Blut wogt, Adrenalin wird ausgeschüttet, unser Gewebe vibriert vor Erregung, wir nehmen Kontakt auf mit der Welt. Wenn wir nicht neugierig und interessiert sind, fühlen wir unsere Lebendigkeit nicht. Das gilt auch für Institutionen und Organisationen. Wenn wir als Institutions- oder Gemeinschaftskörper nicht mehr neugierig und interessiert sind, weicht die Lebendigkeit der Erstarrung.

Wenn wir aufrichtig fragen: «Was gibt's da draußen? Wie geht's mir? Wohin führt diese Straße? Was ist das?» und uns erlauben, auf diese Fragen zu antworten, entzünden wir unsere Energie und erschaffen uns selbst. Ein Gefühl der Wärme steigt in uns auf, das wachsen und gepflegt werden will. Mir kommt dazu das Bild unserer Reptilienvorfahren in den Sinn, die ihre Köpfe zur Sonne und zum Ufer erhoben, als sie aus dem Meer herausstiegen. Unser Erwachen regt Kontakt und Anpassung, die beiden Instrumente der menschlichen Evolution, an.

Wenn wir von unsern Kindern fordern, daß sie still sitzen und Fakten auswendig lernen, die in ihrem Leben keine Bedeutung haben, dann wird ihr Geist stumpf. Sie verlieren die Freude am Lernen und an der Selbstentdeckung. Wenn wir es nicht schaffen, einem Schüler den Funken des Erwachens nahezubringen und ihn zu lehren, wie er diesen Funken selber schaffen kann, versagen wir in der Erziehung. Wenn durch unsere Erziehungsmethoden die Erregungskraft stillgelegt wird, schaffen wir ruhige, gehorsame Schüler, die zu Bürgern heranwachsen, die sich Befehlen unterwerfen, die Kriege ihrer Regierung austragen und deren Regeln durchsetzen. Wenn wir blind folgen, vergessen wir, daß wir zu Neugierde und Interesse am Leben fähig sind, sei es an unserem oder am Leben unserer Mitmenschen.

Jacob

Der 33jährige Jacob sitzt vornübergebeugt auf seinem Stuhl. Seine Haltung ist die eines Besiegten. Sein Kopf hängt herunter, auf seinem Nacken scheint ein breites Joch zu lasten, an dem irgendwo in der Gegend seiner Genitalien ein schweres Gewicht hängt. Die Muskeln in seinem Nacken und im oberen Schulterraum bilden harte Stränge, damit sie dieses Joch mit dem Gewicht daran tragen können. Er atmet flach, uninspiriert, und seine Stimme tönt wie ein zerdrückter Plastikbecher. Jacobs Ausdrucksmöglichkeit ist das Klagen, und in mancher Hinsicht hat er auch recht damit. Er hat in seinem Leben viel gelitten und tut es immer noch. Doch das Klagen hilft nicht, es ist eine Gewohnheit geworden, die ihn ohne Freunde und Bekannte zurückgelassen hat. In seinem belasteten, verkrampften Körper ist Klagen das Einzige, was Jacob mit Ausdauer tun kann. Seine größte Schwierigkeit ist, daß er nichts zustande bringt. «Ich kann nichts vom Boden hochheben», sagt er. Er kann vor allem nichts vom Boden hochheben, weil er nicht auf dem Boden steht. Das enorme Gewicht, das er im Nacken trägt, macht es ihm schwer, irgend etwas hochzuheben oder neu zu beginnen.

Jacob spricht von dieser Wahrnehmung und ist vorübergehend aufgerüttelt durch die Zusammenhänge, die er erkennt. Doch seine Veränderungswünsche sind wie er, schwerfällig und leblos. Er spielt mir den Ball zu. Er will, daß ich beginne, seine Lebendigkeit hervorzurufen. In seiner Bedrückung gelingt es ihm schlecht, sich selbst zu erwecken. Aus seiner Selbsteinkerkerung schaut er in die

Welt, klagend, doch mit Erwartung. Jacob hat sich selbst zum Verlierer gemacht, ohne Aussicht auf Erfolg, er kann den Startknopf nicht finden.

Ich berühre Jacobs Brust, da wo sie am meisten eingesunken ist, und frage ihn, was er dort fühle. Nach einer Weile sagt er, es fühle sich wie «eine graue, unfruchtbare Ebene» an. Wie ich nun nach einem Gefühl und nicht nach einem Bild frage, sammelt er sich und bleibt eine Weile konzentriert in seiner Brustregion. Dann schaut er verdutzt auf und sagt fassungslos: «Dort gibt es keine Gefühle.» Ich heiße ihn, seine Brust anzufassen und dabei zu sagen: «Ich fühle hier nichts.» Seine Neugier ist nun geweckt und hilft ihm, seine Aufmerksamkeit zu sammeln. Ein Gefühl taucht auf: «Dieses Totsein fühlt sich solid und reglos an.» Etwas in Jacob ist geweckt worden, er läßt sich auf eine neue Energieebene ein.

Oft wird unsere Erregungskraft geweckt, wenn wir ein eingefahrenes Muster ändern oder durchbrechen (versuchen Sie, eine Ihrer täglichen Routinen zu ändern – trinken Sie Ihren üblichen Nachmittagskaffee nicht, nehmen Sie einen anderen Heimweg, kämmen Sie das Haar mit der linken Hand – und schauen Sie, was geschieht). In einer anderen Sitzung experimentiert Jacob mit einer neuen Art zu stehen. Seine erste und am häufigsten praktizierte Form der Abwehr ist die Antwort, daß es nichts nütze, auch wenn er nicht weiß, was nützt. Ich fordere ihn auf, das alte Muster mit etwas Neuem zu durchbrechen. Er stellt sich etwa 60 cm von einer Wand entfernt auf, wendet ihr den Rücken zu und streckt die Hände über den Kopf. Nun beugt er sich zurück und berührt mit den Handflächen, die Finger nach unten gerichtet, die Wand. Den Kopf streckt er nach hinten und beobachtet, wie weit er mit den Händen die Wand hinunterwandern kann. Es ist nicht allzu weit, doch weit genug, daß Nacken und Brust eine neue Form annehmen müssen. Er stößt Erstickungslaute aus und tiefe Atemzüge dringen in seine vernachlässigten Lungen. Atmung und Kreislauf erfahren neues Leben. Vorübergehend sind Schultern, Brust und Nacken geöffnet. Wie er wieder geradesteht, sind Brust und Magenpartie viel stärker mit der Welt konfrontiert. Einen Augenblick lang kontrolliert er nicht mehr nur mit dem Kopf. Er steht aufrechter, ist mehr im Gleichgewicht und stärker, doch auch verletzlicher. Neue

Empfindungen, neue Gefühle tauchen auf. Jacob hat den ersten Schritt zu einem neuen Leben getan. Er hat eine neue Gestalt angenommen, er hat seine Erregungskraft entzündet.

Rachael

Das Beispiel Rachaels erzählt von einer anderen Art Erwachen. Ihr Erwachen war ein energiegeladenes Ereignis, das durch die Aufdeckung ihrer selbstabtötenden Muster ausgelöst wurde. Durch eine Einsicht erschuf sie sich in einem einzigen Augenblick.

Rachael wollte an sich arbeiten, weil sie alle Neugier und das Interesse am Leben verloren hatte. Obwohl sie in den Dreißigern und eine ansehnliche Frau war, machte sie den Eindruck eines kleinen Mädchens. Sie erschien fragil, zusammengesunken und ausdrucksleer. Sie sagte, daß sie früher Tanzunterricht genommen hätte, doch jetzt vermochte ihr Muskeltonus sie nur knapp aufrecht zu halten. Ihr fehlte jegliche Motivation, und sie beklagte sich, daß ihr das Leben eine ständige Mühe sei. Sie hatte sich in mein Büro geschleppt, saß verloren da und zeigte kaum mehr von sich als niedergeschlagene Augen und schwere Seufzer. Als ich sie anschaute, dachte ich: «Wo ist ihr Leben? Was tut sie mit ihrer Erregungskraft? Wie kann sie in einem solchen Zustand leben?»

Wenige Sitzungen deckten die Zusammenhänge auf, die Rachaels Zustand und ihre Unfähigkeit, die eigene Erregungskraft zu wecken, erhellten. Ihr totähnlicher Zustand hatte begonnen, als sie vor sechs Monaten die Beziehung zu ihrem Freund abbrach. Es war das erste Mal seit sie 17 war, daß sie keinen Freund oder Ehemann hatte. Sie hatte sich immer darauf verlassen, daß diese Männer ihre Erregungskraft und ihre Motivation anfachten. Solange ihr jemand den Weg wies, konnte sie folgen. Doch nach der letzten Trennung hatte sie beschlossen, es ohne Mann zu versuchen und fiel in diese Depression. Sie war abgeschnitten von jeglichem Impuls oder Wunsch, den sie hätte in die Tat umsetzen können. Rachael zeigte einen gewaltigen Mut, diesen Teil von sich anzuschauen, doch allmählich wurde sie in ein dunkles, einsames Loch gezogen.

Rachael hatte so wenig Kontakt zu ihrer Energie, daß schon Atmen oder Sprechen ihr große Mühe bereitete. Doch die Erinnerung an ein Ereignis aus ihrer Kindheit entfachte das Feuer, das ihr weiterhalf.

Sie war ohne Vater aufgewachsen, und ihre Mutter hatte die meiste Zeit gearbeitet. Im Alter von sieben Jahren war sie bei einer Frau in Obhut gewesen, die sie fürchtete und der sie mißtraute. Als die Erinnerung an diese Zeit auftauchte, öffneten sich Rachaels Augen weit und ihre Stimme wurde immer schriller: «Ich war draußen und übte Fahrradfahren mit einem Mädchen von nebenan. Ich erinnere mich, daß wir wetteiferten, wer es wohl zuerst schaffen würde. Erst war es sehr aufregend und lustig, doch dann wurden wir aus irgendeinem Grunde sehr ernst. Plötzlich war viel Spannung und Druck da, und während meine Freundin immer besser wurde, versagte ich immer mehr. Ich wollte wieder spielen, doch meine Freundin wurde immer ernster und konnte bald fahren. Ich fühlte mich schrecklich. Es war eine gräßliche Niederlage und Demütigung. Ich hatte verloren und sie hänselte mich, weil ich verloren und sie gewonnen hatte.»

Hier hielt Rachael inne. Sie schaute etwas an, das weit weg lag, und ihr Atem wurde tiefer. Mit jedem Einatmen richtete sie sich ein wenig auf: «Ich schämte mich zu sehr, um bei meiner Freundin zu bleiben», fuhr sie fort, «und ich konnte zu niemandem gehen, um mich trösten zu lassen, am wenigsten zur Pflegemutter.» Rachael setzte sich plötzlich mit aufgerissenen Augen auf und sagte: «Ich ging auf mein Zimmer, und ich weiß, daß ich zu mir sagte: ‹Was nützt es, weiter zu versuchen? Ich werde es sowieso nicht schaffen.› Ich glaube, in diesem Moment habe ich meinen Willen aufgegeben, irgendeine Anstrengung zu unternehmen, um etwas zu erreichen. Ich sagte mir, es nützt sowieso nichts, etwas zu versuchen und zu wetteifern, denn ich werde nie so gut sein, daß ich gewinnen oder mithalten kann, ich kann ebensogut in meinem Zimmer bleiben.»

Als Rachael ihre Geschichte beendete, war sie einige Minuten lang still, dann wurden ihre Augen groß und ein Lächeln breitete sich auf ihrem Gesicht aus. Sie setzte sich auf, wie wenn sie plötzlich aufgeblasen würde: «Damals gab ich auf», sagte sie. «Ich ging in mein Zimmer und gab auf. Ich blieb in diesem Zimmer und bin seither nicht wirklich herausgekommen.» Rachael hatte sich verwandelt. Es schien jemand anders, der da sprach. Sie sah lebendig aus. Sie schuf Kontakt. Die Aufregung über ihre Entdeckung berührte sie und weckte ihre Neugier und ihr Interesse. Sie arbeitete intensiv an sich in dem Jahr nach diesem kraftvollen Erwachen. Die Erinnerung war sehr aufschlußreich, doch blieb noch viel zu tun, um sie in ihr heutiges Leben zu integrieren. Zuerst bemitleidete sie sich wegen dieser Erfahrung und versank wieder in die Trägheit und das Totsein. Dann tauchte Wut auf, die sie schnell zurückdrängen wollte, weil sie nicht wußte, auf wen sie wütend war. Doch die Wut kam wieder, bis sie sie zulassen konnte.

Meine Arbeit bestand darin, ihr Interesse und ihre Neugier zu unterstützen, wo immer sie auftauchten. Die Arbeit konzentrierte sich zu Anfang nicht auf ein bestimmtes Ziel, sondern auf die Qualität ihres Interesses und auf ihre Art, auf Impulse und Bedürfnisse zu reagieren. Das regte Rachael an, auch den kleinen und unwesentlichen Äußerungen ihrer Erregungskraft nachzugehen. Durch Körperarbeit und Bewegung wurden ihre abgestorbenen Teile wieder lebendig. Sie stampfte, sang, beleidigte, zertrümmerte, schwitzte und reagierte auf meditative Art auf tiefere Sehnsüchte und Wünsche. Rachael zeigte mir, daß wir lebendig werden können, wenn wir mit unseren Einsichten in Kontakt bleiben. Indem sie die Körperprozesse und den Intellekt zusammenbrachte, erweckte sich Rachael auf eine Art, die sie vorher nicht gekannt hatte.

Wachsen

Wir alle kennen Leute, die dauernd voller Ideen sind, aber wenig oder keine Durchhaltekraft haben. Sie sind wie Novasterne, die einen Moment in hellem Glanz aufleuchten und dann verlöschen. Sie sagen dauernd: «Ich fange an...» oder «Ich bin gerade dabei...» oder «Ich werde bald...». Sie haben stets eine großartige Idee oder eine phantastische Einsicht, doch das Wachsen der Erregungskraft und der Spannung, das nötig ist, damit eine Idee

Gestalt annehmen kann, bleibt aus. Die Energie verdichtet sich nie zu einer Gestalt. Da ist der Mann mit der Ejaculatio praecox oder die Frau, die von Mann zu Mann eilt, da sind die Menschen, die tausend Projekte beginnen und nie zu Ende führen. Wenn wir in einem solchen Kreislauf der Nichterfüllung gefangen sind, werden wir frustriert und beginnen, die andern für den ausbleibenden Erfolg zu beschuldigen.

Ob wir die erweckte Energie aufbauen, den Kontakt zu ihr intensivieren können, hängt von unserer Fähigkeit ab, mit ihr in Kontakt zu bleiben, das Strömen, Aufwallen, und Vibrieren weiter in unserem Körper zuzulassen.

Wenn es uns schwerfällt, Freude, Erfolg oder Befriedigung auszuhalten, neigen wir vermutlich dazu, Angefangenes abzubrechen. Wenn wir uns jedoch dazu entscheiden können, bei dem zu bleiben, was wir angefangen haben, erhöhen wir unsere Lebendigkeit. Wenn wir nicht ertragen, daß unsere Erregungskraft wächst, ertragen wir auch andere und ihre Erregungskraft nicht. Wenn wir uns selber sabotieren, weil wir die eigenen anschwellenden Gefühle nicht aushalten können, sabotieren wir vermutlich auch die anderen, sobald sie mehr von sich selber fühlen.

Je intensiver wir uns erwecken, je größer wird unsere Erregungskraft, je mehr dehnt sie sich aus und erweitert unsere Fähigkeit, mit tieferen Schichten Kontakt aufzunehmen. Indem wir unserer Erregungskraft erlauben, sich aufzubauen und zu wachsen, ohne uns davon erdrücken zu lassen oder dauernd in ihrem Schatten zu stehen, achten wir die Intelligenz unseres Energielebens und arbeiten mit ihr. Wenn wir aufmerksam alle Empfindungen eines Moments zulassen, können wir unserer Erregungskraft auch Schranken setzen. Leute, die ihre Energie nicht in Schranken halten können, neigen oft zu Hysterie. Sie können die auftauchende Erregungskraft nicht aufbauen, da sie durchbricht und sie selbst und andere überflutet. Wenn nichts zwischen dem Aufsteigen der Energie und ihrem Ausdruck steht, werden wir durch den heftigen Emotionsfluß davongetragen.

Man kann das Wachsen der Energie und den Aufbau von Energieschranken durch das Spannen und Entspannen der Muskeln erleben. Wir können einem Energieschub erlauben zu reifen, indem wir sachte einen Teil von uns anspannen und dann loslassen. Zuerst benötigen wir für das Anspannen und Entspannen gleich viel Zeit, dann werden wir fähig, mehr Spannung zu behalten, können kürzer anspannen und länger entspannen. Eigentlich ist das ein bewußtes Abkühlen der ersten heißen Eruption, die dann, wie sich abkühlende heiße Lava, klare Formen annimmt und sich wie ein Fluß in Haupt- und Nebenläufe teilt.

Wenn wir das Wachsen zulassen, müssen wir daran denken, daß wir mit der Energie nichts Besonderes zu tun brauchen, außer mit ihr in Kontakt zu bleiben. Wir brauchen bloß bei uns zu bleiben und unseren Empfindungen nachzugehen. Die Tatsache, daß wir einen Energieschub erfahren, heißt noch nicht, daß wir grünes Licht für irgendeine Handlung haben. Wir müssen lernen, die Energieströme in unseren Zellen und Muskelfasern zu achten und nichts zu tun, als mit ihrer Kraft und Bewegung in Kontakt zu bleiben.

Versuchen Sie einmal, sich vor Ihr Lieblingsgetränk oder Ihr Lieblingsessen hinzusetzen. Nehmen wir an, es ist eine Tafel Schokolade. Setzen Sie sich hin, packen Sie sie aus und legen Sie sie vor sich hin, ohne sie zu essen. Spüren Sie Ihren Drang zu essen, die Absicht, danach zu greifen, den Wunsch, der Sie bewegt. Doch bleiben Sie, anstatt auf diese Impulse zu reagieren, bei Ihren Gefühlen und Empfindungen.

Lassen Sie die Energie, die durch das Warten auftaucht, Ihren bereits erweckten Zustand verstärken. Lassen Sie zu, daß sich die Energie aufbaut durch ein bewußtes Mit-ihr-Sein, und reagieren Sie nicht. Es ist eine ruhende Kraft, die wächst, eine Übung, Energie an sich zu erleben. Das macht Sie mit Ihrem Energiesystem vertraut.

Wenn wir einen Samen der Aufmerksamkeit pflanzen, seinem Wachsen zuschauen und ihn pflegen und umsorgen, sind wir mitten in einem Aufbau- und Wachstumsprozeß. Wenn wir den Samen immer wieder ausgraben und nachsehen, ob er wächst, hemmen wir sein Wachstum. Wenn wir aber achtlos sind und ihn nicht mit unsrer Aufmerksamkeit bewässern, dann welkt er und stirbt ab. Wenn wir den Samen des Erwachens säen, dann müssen wir ihn so nähren, daß er weder erstickt noch verkümmert. Wenn wir uns dem Rhythmus des Samens anpassen, dann wird er in der richtigen Jahreszeit blühen.

Robin

Robin ist Malerin. Sie wollte an sich arbeiten, weil sie künstlerisch an einem Nullpunkt angelangt war. Nach einigen erfolgreichen Ausstellungen fühlte sie sich nicht mehr fähig, irgendeiner ihrer Inspirationen nachzugehen. Sie begann ein Bild nach dem andern und ließ es wieder fallen. Sie liebte ihre Arbeit und fühlte sich ihrer künstlerischen Begabung verpflichtet, doch nun war sie hoffnungslos blockiert.

Robin ist eine kleine, intensive Frau mit hellen, glänzenden Augen. Ihr Leben war reich erfüllt von Reisen und vielen Erfahrungen, die sie meistens alleine gemacht hatte. Sie sagte, daß sie gerne eine Beziehung hätte, doch schien sie zu festgefahren in ihrem Einzeldasein, um eine solche zuzulassen. Ihre Ausdrucksmöglichkeiten waren stark eingeschränkt. Entweder saß sie still und reglos da oder war dauernd in Bewegung und monologisierte. Sie war überintellektuell. Ihre Beschwerden in den Füßen und Beinen schienen sie aufzufordern, dem Boden und dem unteren Teil ihres Körpers mehr Aufmerksamkeit zu schenken. Robin hatte die Schultern hochgezogen bis zu den Ohren, und für eine Malerin waren ihre Hände und Arme wenig belebt. Ihre Glieder waren wie schlenkernde Anhängsel einer Puppe. Im Gespräch mit Robin war auffällig, daß sie entweder so ruhig war, daß man sich fragte, ob sie überhaupt da war, oder so aufgedreht, daß sie den ganzen Raum in Beschlag nahm. Im Kontakt war sie hektisch, denn sie pflegte mit kurzen, widersprüchlichen Vorstößen herauszuplatzen, um sich dann gleich wieder zurückzuziehen.

In Robins Mappe lagen die Arbeiten einer disziplinierten, differenzierten Künstlerin, die eine fein entwickelte Ästhetik besaß. Ihre Kunst war eindrucksvoll, und beeindruckend war auch der Unterschied zwischen ihrem künstlerischen und dem sehr beschränkten, engen emotionalen Ausdrucksvermögen. Ja, eng war das richtige Wort, um Robin und ihren Energierhythmus zu beschreiben. Sie sprang sehr rasch vom Erwachen in die Erfüllung über. Dadurch wurde es fast unmöglich, im Kontakt mit ihr Raum oder Rhythmus zu finden. Sie ertrug den Aufbau und das Reifen ihrer Energie nur sehr schlecht. In der Arbeit mit ihr ging es um den Aufbau von Energie innerhalb überschaubarer Grenzen.

Nach einer Zeit des Kennenlernens und der Beobachtung ihres Malprozesses forderte ich sie auf, sich hinzulegen und zu atmen. Ihre Atmung war flach und blieb auf den unteren Bauchraum begrenzt. In ihrem Atemmuster wurden viele rasche Atemzüge gelegentlich unterbrochen durch einen einzigen, tiefen Atemzug. Dieser hörte sich an wie ein Seufzer, den sie jedoch nie ganz zur Reife kommen ließ, sondern stets rasch wieder wegblies. Sie wollte nicht zu viel hereinnehmen, und was sie hereinnahm, hielt sie fest, so daß ihr Atem schnappend war.

Ich forderte sie auf, sich einen Ping-Pongball auf ihren Lippen vorzustellen, den sie mit jedem Atemzug stets gleich hoch in die Luft blasen würde. Als sie nun einen volleren Atemrhythmus entwickelte, wuchs ihre Energie. Nach kaum zwei Minuten begann sie, nervös zu werden und über etwas zu sprechen, das überhaupt nicht hierhin gehörte. Dadurch fiel ihr Atem zurück in das flache, rasche Schnappen. Ich sprach sie an auf ihr Reden, sobald der Atem voller und rhythmischer wurde, und sie sagte: «Ich spüre dieses Kribbeln im Körper und fühle mich sehr unbehaglich, ich kriege fast Platzangst. Dann beginne ich einfach zu sprechen. Warum, weiß ich nicht, ich spreche einfach. Beim Sprechen spüre ich das Kribbeln nicht mehr und fühle mich wohler.»

Robin gab zu, daß sie Angst hatte vor dieser Körperempfindung, weil sie dachte, sie würde sie überfallen und sie könnte daran erstikken. Davor flüchtete sie, indem sie zu sprechen begann und die Energie entlud, oder aber, indem sie sich an einen geheimen Ort, tief in ihrem Inneren, begab. Robin wußte wenig darüber, wie man eine Struktur schafft, in der die erweckte Erregungskraft wachsen und reifen kann. Sie lebte nach dem Alles-oder-Nichts-Prinzip. Sie mußte entweder alles ausdrücken oder gar nichts. Doch weil dieser Ausdruck weder Aufbau noch Fülle hatte, kannte er auch keine Tiefe. Robin hat Tiefe, sie ist eine reflektierende Person. Doch weil sie der Tiefe das Reifen nicht erlaubte, kam sie als hohle, sinnlose Plaudertasche daher. Und da wir mit unserer Energie in allen Bereichen gleich umgehen, hatte Robin beim Malen dieselben Probleme. Ihrem Maleifer fehlte der Kanal, durch den er in eine Form hätte wachsen können.

In der nächsten Sitzung legte ich meine Hand auf Robins Brust. Sie zog ihre Aufmerksamkeit sofort zurück. Sobald eine Berührung Empfindungen in ihr auslöste, nahm sie sich zurück und lag wie ein Leichnam unter meiner Hand. Viele Wochen lang arbeitete Robin mit diesem Thema, daß sie entweder wegtrat, wenn ihre Gefühle sich einstellten, oder den Ausdruck bis zur Hysterie übertrieb. Diese Reaktionen traten ein bei Berührung, beim Atmen und wenn sie Arme und Beine bewegte. Durch die Arbeit erreichte sie den Punkt, an dem sie ihre Gefühle mit dem ganzen Körper ausdrücken konnte, anstatt in einen ihrer langen Monologe zu verfallen. Sie lernte, Hiebe auszuteilen, zu stampfen, zu gestikulieren und zu schreien, anstatt nur drauflos zuplappern.

Als sie einmal nach einigen tiefen Atemzügen auf der Matte herumdrosch, begann ich instinktiv, ihre Bewegungen zu hemmen. Robin reagierte einen Moment lang mit noch heftigeren Ausbrüchen und wurde dann plötzlich ganz still und ruhig. So blieb sie wohl fünf Minuten lang liegen. Als sie die Augen öffnete, sah sie mich viel direkter an als je zuvor. Ich ließ ihren Arm los. Sie blieb liegen und schaute sich im Raum um wie ein kleines Kind. «Ich will dir erzählen, was geschah», sagte sie schließlich und setzte sich langsam auf, mit viel Gefühl in den Augen. «Ich ging zurück in eine Zeit, als ich ganz klein war. Ich weiß nicht, wie klein, aber klein. Ich lag in der Wiege. Ich hatte diese Pickel auf meinem Körper, und meine Mutter hatte mich festgebunden, damit ich nicht kratzte. Ich war entsetzt. Damals und auch jetzt wieder. Ich fühlte, daß es auf meinem Körper von Insekten wimmelte, und ich konnte nicht kratzen oder sie wegjagen. Es fühlte sich an wie verschlungen werden, und ich war schrecklich hilflos. Ich konnte nichts tun, und die Mutter ging aus dem Zimmer.» Tränen rannen über Robins Bakken, und ihr Gesicht, das eben noch wächsern und erstarrt gewesen war, bekam Farbe. «Meine Mutter hat mir davon erzählt, doch habe ich es nie so tief erlebt. Ich fühlte mich dorthin zurückversetzt, und es hat mich mit der Art verbunden, wie ich meine Aufmerksamkeit zurückziehe. Denn der Kampf gegen die Riemen war so sinnlos, daß ich durch ein ganz kleines Loch in mir selber schlüpfte und mich dort versteckte, bis die Riemen wieder losgemacht wurden.»

Dieses Erlebnis war für Robin ein riesiger Durchbruch. Es folgten weitere wichtige Einsichten. Sie entwickelte mehr Toleranz für den Aufbau und das Wachsen ihrer Erregungskraft. Das geschah vor allem in ihren Kontakten mit engen Freunden.

Als nächstes mußte Robin auf die Füße gebracht werden. Wir gingen ins Dojo und arbeiteten mit Bewegung. Sie lernte einen einfachen Aikido-Griff, mit dem man eine Person zu Fall bringen kann. Es ging nicht darum, ihr eine Selbstverteidigungstechnik beizubringen, sondern darum, ihr ein Instrument in die Hand zu geben, mit dem sie am Aufbau ihrer Energie teilnehmen konnte. In diesem Sinne wurde die Technik zur Metapher. Der Griff stand für das Erwachen einer Inspiration, die gemalt werden wollte. Der nachfolgende Druck oder das Festhalten des Gelenks zeigten, wie sie auf die Erregungskraft ansprach, die sich zum kreativen Ausdruck hin aufbaute.

Nach einigen Instruktionen wandte ich diese Technik an ihrem Handgelenk an, und sie trat weg. Ihre Aufmerksamkeit verflüchtigte sich ans andere Ende des Raumes, und ihr Körper wich dem Druck aus. Sie merkte es, und wir wiederholten den Griff. Sie war jetzt gegenwärtiger und schrie sofort, es schmerze zu sehr und begann zu kämpfen. Im Gespräch hinterher sagte sie, sie hätte Platzangst gekriegt. «Ich hatte keinen Platz», sagte sie, «ich fühlte mich überrumpelt. Genau das geschieht auch in meiner Malerei.»

In der folgenden Arbeit entdeckte sie, daß sie gefühllos wurde und ihre Aufmerksamkeit abdriftete, wenn sie ihre Energie nicht abblockte oder drosselte. Sie war dann einfach nicht mehr erreichbar oder begann zu zappeln und zu kämpfen, was ihre Kreativität und Bewegung ebenfalls behinderte. So konnte Robin erfahren, wie sie das Wachsen ihrer Erregung hemmte, indem sie wegtrat oder sich in einen Kampf mit der Energie verwickelte. Nachdem sie sich also selbst inspirierte, fühlte sie sich durch die erweckte Energie niedergedrückt und sank wie ein Boot, das voll Wasser läuft. Ihre Reaktion war Kampf oder Flucht. Im weiteren Verlauf der Arbeit forderte ich sie auf, bei dieser Empfindung im Handgelenk zu bleiben, die Reaktion zu verlangsamen und sich dem Gefühl zu überlassen, wenn es stärker würde. Das erforderte, daß sie Panik- und Fluchtreaktionen unterdrückte. Sie ließ nun zu, daß die Empfindung im Handgelenk sich auf ihren ganzen Körper ausdehnte. Die andere Hand, ihre Beine und Füße sowie ihre Gefühle im Bauch schwollen an. Als sie diesem Prozeß vertraute, fühlte sie sich als Ganzes anschwellen. Das Vibrieren und Pulsieren durchströmte ihren ganzen Körper und ihr Geschlecht. Sie erlebte es als Sinnlichkeit und Befriedigung. «Dasselbe Empfinden habe ich, wenn es beim Malen gut läuft», sagte sie. «Ich bin bei mir, und ich reagiere auf einen inneren Rhythmus. Weil ich mich mit mir gut fühle, fühle ich mich auch gut mit dem, was ich male.»

Nachdem sie den Griff mehrmals wiederholt hatte, schufen wir eine neue Metapher für sie, damit sie den Aufbau der Energie erfahren konnte. In dieser Metapher stellte der Raum außerhalb der Matte die alltägliche Robin dar. Der Schritt auf die Matte (das ist vor allem ohne Schuhe ein spürbarer Unterschied), entsprach der Inangriffnahme eines neuen Bildes. Die Matte wurde zur Metapher für die Leinwand. Sobald sie auf die Matte trat, reagierte sie auf eine ihrer bekannten Arten: entweder nahm sie die Aufmerksamkeit sofort von der anfänglichen Empfindung weg, oder sie hastete zum Ausdruck, ohne daß die Gefühle reifen konnten. Das war ihre Tendenz. Als sie nun das dritte Mal auf die Matte trat, versuchte sie, auf ihre Empfindungen zu achten, die Reaktion zu verzögern und dem Anschwellen Raum zu geben. Mit dem Wachsen der Energie beugten sich ihre Knie leicht, ihr Schwerpunkt senkte sich, und sie berichtete von einem Kribbeln und Lebendigsein im ganzen Körper sowie von einer Ausdehnung ihrer Grenzen auf etwa 30 cm über ihre Haut hinaus. «Ich fühle meine Substanz und Präsenz», schrieb sie später. «Es ist ein lustvolles Gefühl, fast erotisch.»

Nach einiger Arbeit mit diesem Prozeß und nachdem sie ihre Abwehrmuster erkannt hatte, gelang es Robin, diese metaphorische und konkrete Übung auf ihre Malerei zu übertragen. Sie kennt nun ihre Reaktion auf anschwellende Gefühle und weiß, wie sie den eigenen Empfindungen standhalten kann. So kann sich ihr kreativer Prozeß im Einklang mit dem Rhythmus ihrer Erregungskraft entfalten.

Die Fülle

Ich wohne an einer Bucht mit Marschland, wo die Gezeiten sichtbar sind. Wenn das Meer in die weiten Becken einströmt und bedenklich nahe an den Rand der Ufer dringt, glaubt man, es würde gleich überschwappen. Dann beruhigt sich die Strömung plötzlich, und das Wasser bleibt auf seinem Stand. Keine einströmende Flut mehr und nichts, das überquillt. Der Reichtum an Schwere und Fülle ruht in der Bucht. Ihr sanft abfallendes Gelände gibt ihm eine lebendige, pulsierende Form. Kraft und Anziehung strahlt die volle Marsch aus. Möwen und Enten sind wie kleine Flotten auf den Zuflüssen, Kraniche und Schnepfen waten auf ihrer Nahrungssuche vorsichtig durch das Schilf. Ab und zu springt ein Fisch, oder ein Mensch stapft durch das Marschgras und starrt gedankenverloren in den dicken, nassen Wasserbauch. Und schon bald zieht die Ebbe diesen Wasserkörper wieder hinaus ins Meer. Aber in diesem Zyklus des Kommens und Gehens wird es immer den Moment geben, in dem die Fülle, das Potential von der Bucht gehalten wird.

Die Fülle ist der Moment, in dem unser Vorwärtsstreben nach Wachstum und Ausdehnung zur Ruhe kommt. Unsere Energie ist nicht mehr im Suchen und Wachsen begriffen, sondern reift, indem sie sich innerhalb ihrer Begrenzungen ausbreitet. Vielleicht erleben wir unser Reifen in unserem persönlichen Wachstum, in unserem Beruf, in einer Beziehung oder in einem Handwerk. Wir erleben es da, wo wir spontan sagen können: «Ich weiß, wie man dies tut, und ich tue es gern.» Nach dem Anwachsen unserer Erregungskraft tritt eine Festigung ein. Wir dürfen die Früchte unserer Bemühungen genießen. Wir erleben die Schranken, die uns halten, als lustvoll und erfüllend. Der Vorwärtsdrang läßt nach, und wir nehmen uns an, wie wir sind. Wenn wir das Erwachen und Wachsen unserer Energie mit einer wachsenden Pflanze vergleichen, dann entspricht die Zeit der Fülle der Entfaltung der Blätter nach außen.

Reife, Begrenzung und Fülle stehen in enger Verbindung mit Befriedigung, der Erfüllung eines Potentials. Doch wenn wir wie Jugendliche diese Begriffe als Beschränkung und Einengung erleben, widersetzen wir uns der echten Fülle und bleiben immer unterwegs. Wenn wir uns niemals in unserer Erfahrung niederlassen, wissen wir nie, wer wir sind. Ohne die Fülle sind keine bedeutenden Kontakte möglich, und unsere Bemühungen werden nie zu Erfüllung und Vollendung heranreifen.

Leute, die mit der Fülle Probleme haben, sind oft sehr geschickt im Erwecken, Wachsenlassen und Abschließen ihrer Energiezyklen. Sie bewegen sich auf der Schnellstraße des Lebens, gleiten auf der Oberfläche der Dinge herum. Doch sobald sie ihr Tempo verringern, beginnen sie zu zappeln, sich zu winden und auszuweichen. Da sie sich immer entladen, verwurzeln sie sich nie in ihrer Erfahrung. Ihrem Leben fehlt die Tiefe und die Fülle. Wie Wasserläufer bleiben sie auf der Oberfläche eines reichen, tiefen Wassers.

Anfänglich vertreten solche Leute die Ansicht, daß Fülle nicht wünschenswert sei. Sie wollen freie Geister bleiben, durch keine Schranken gehindert werden. Verpflichtung und Verantwortung sehen sie als Belastung für ihre frühlingshafte Weltsicht. Unter diesem Deckmantel fürchten sie sich jedoch vor dem, was sie sehen könnten, wenn sie innehalten und sich mit sich selbst eingehend beschäftigen würden. Unter der hellen, schwungvollen Lackschicht liegt eine tiefe Unsicherheit darüber, wer sie sind. Sie zweifeln ernsthaft an ihrer Fähigkeit, mit der Intensität ihrer Energie umzugehen oder die eigene Lebendigkeit zu ertragen. Sie fürchten sich davor, stagnierend und unkreativ zu werden. Sie vermuten, daß ihre eigenen Grenzen sie bedrängen werden. Sie fürchten den Schatten, den sie ständig von sich fernhalten.

Solche Leute müssen mit ihrer ruhenden Kraft arbeiten. Sie müssen sich verlangsamen und da bleiben, wo sie sind. Sie müssen erforschen, wie sie die intensive Energie ertragen können, die da ist, wenn sie sich entspannt und kräftig fühlen. Sie müssen Ausdrucksformen finden, die ihrer Schwere erlauben, sich zu setzen und ihrem Geist, sich zu erheben. Sie müssen sich ermahnen, ihre Fülle zu genießen und zu kosten.

Halten Sie eine Weile inne und genießen Sie diesen Moment. Wenn Sie auf Ihrem Instrument nur eine Oktave spielen können, dann bleiben Sie einen Moment dabei. Halten Sie inne, und lassen Sie diese Erfahrung sich entfalten statt zur nächsten zu eilen. Sie werden schon spüren, wie lange Sie anhalten sollen und wann es Zeit wird, weiterzugehen.

Die Geschichte von Michael ist ein Beispiel für dieses Thema der Fülle.

Michael

Michael ist einundvierzig, hat eine Führungsposition in einer großen Ölgesellschaft, ist Vater von drei gesunden Kindern und mit der gleichen Frau seit achtzehn Jahren glücklich verheiratet. Er hat unglaublich viel Energie, und offensichtlich hat er Zeit für alle seine vielen Tätigkeiten und die Leute, die er kennt. Er ist geachtet in Familie, Beruf und Gesellschaft. Eigentlich hat Michael sich gern, und er genießt das Leben. Er kam zu mir, weil er etwas für sein Golfspiel unternehmen wollte.

Aufgrund seiner Position in der Ölgesellschaft wurde Michael eingeladen, an einem Prominenten-Golfturnier von Profis und Amateuren teilzunehmen. Da er ehrgeizig war, wollte er sein Spiel für dieses wichtige Turnier verbessern und dachte, eine Bewegungsanalyse und Energiearbeit könnten ihm dabei helfen.

Wenn Michael in unserer Stadt war, trafen wir uns in einem Raum, der groß genug war, um einen Golfschläger zu schwingen, oder wir gingen auf den Golfplatz. Er ist ein kleiner, rundlicher Mann mit straffen, dünnen Beinen und einem festen, vorstehenden Bauch. Der Bauch hätte den Eindruck erwecken können, er sei dick, doch der Gesamteindruck war anders. Michael war kompakt, robust und schien ständig in Bewegung. Selbst wenn er stillstand, schien er in Bewegung. Aus seiner Tiefe kam immer wieder ein tiefes Grummeln, und sein rotbackiges Gesicht strahlte begeistert.

Wie ein zuversichtlicher, hungriger Falke war Michael ständig auf dem Sprung, bereit für neue Spiele. Offenbar ließ er sich nie längere Zeit irgendwo nieder. Er stürzte hierhin, dorthin, fragte nach diesem und jenem, mußte noch einen Anruf machen oder weiterfliegen in einem endlosen Rhythmus von Anfang, Aufbau und Entladung. Er hatte eine verschlingende Art, mit der er sich sein Essen, Dinge und Leute einverleibte und dann weiterging. In mancher Hinsicht war es anregend, mit ihm zu sein, aber seine ständige Nähe konnte zermürbend sein. Seine unablässigen Beobachtungen, Meinungen, Einsichten und Äußerungen waren zwar unterhaltend, doch gleichzeitig auf die Dauer auch ermüdend.

Als nun Michael an seinem Golfspiel arbeitete, kam dieses Muster der unablässigen Bewegung zum Vorschein. Er hetzte sich, und das zeigte sich in seinem Spiel. Ihm fehlte der Sinn für Gleichgewicht und Kraft, der sich einstellt, wenn man sich auf etwas einläßt und sich Zeit nimmt. Daß ihm jener Teil, den wir Fülle nennen, fehlte, trat in vielen Bereichen seines Lebens offensichtlich zutage. Ob im Spiel, im Geschäft oder in der Familie, Michael hielt sich von jedem andauernden Kontakt fern. Er erlaubte seiner Energie nie, ihren natürlichen Ruhepunkt zu erreichen, er blieb immer auf dem Sprung.

Es war bald klar, daß es wichtiger war, diese Unausgeglichenheit in Michael anzugehen, anstatt seine Golftechnik zu verbessern. Wenn er mit der Energiequalität der Fülle und Tiefe arbeitete, würde seine Technik automatisch und natürlich besser werden. Er war immer in Bewegung, und das bestimmte praktisch alles, was er tat. In seinem Golfspiel zeigte sich das folgendermaßen: einmal konnte er den langen Ball nicht regelmäßig schlagen, seine Erfolge bei den langen Schlägen waren praktisch null. Da er immer herumwirbelte, lag sein Schwerpunkt nie tief genug, um ihm die nötige Kraft für einen kraftvollen Schlag oder ein sicheres, ruhiges Einlochen zu geben. Zweitens fiel es ihm schwer, seinen Rhythmus durchzuhalten, wenn er mehr als achtzehn Löcher am Tag spielen mußte. Da er ein müheloses Schlagen nicht kannte, wurde er stets vorzeitig müde. Einmal ließ Michael eine Bemerkung fallen, die genau diesen Teil von ihm beschrieb: «Mir macht's Spaß, etwas anzufangen und ins Rollen zu bringen, dann gebe ich die Arbeit gern weiter, damit ich ans nächste Projekt gehen kann.»

Michael wurde neugierig, als er dieses Muster entdeckte. In unserer weiteren Arbeit überlappten sich Beratung, Körperarbeit, Stimme und Ausdruck, Sport und Therapie. Michael erforschte die neue Dimension in seinem Leben, geführt von Inspiration und Interesse. Er zweifelte weder an dem, was er erreicht hatte, noch an sich, er hatte einfach das Bedürfnis, sich kennenzulernen... und sein Golfspiel zu verbessern.

Michael arbeitete auf verschiedene Arten an seinem Muster. Manchmal konzentrierte er sich direkt auf die Elemente seines Golfspiels. Andere Male arbeiteten wir mit seinen Muskeln und seinem Gewebe. Durch die Tiefenarbeit an seinem Bindegewebe sowie durch stützendes Bewegen seiner Glieder lernte er, seinen Einsatz einer Handlung anzupassen. Manchmal legte er sich hin zur Atemarbeit. Er lernte im Aikido-Dojo auch gewisse Energiezustände kennen, und wir besprachen die ganze Arbeit immer wieder und tauschten Ideen aus.

Wenn man mit jemandem in einer bestimmten Disziplin arbeitet (hier war es Golf, doch es kann auch Tanz, Tennis, Schauspiel, Kampfkünste, Zeichnen, Schießkunst sein), gibt es eine allgemeingültige Vorgehensweise. Als erstes betrachtet man das, was ist, dann das, was fehlt und aus dem Gleichgewicht ist. Als nächstes muß man das alte Muster durchbrechen. Die dabei auftretende Überraschungsreaktion eröffnet neue Verhaltensmöglichkeiten und enthält Erregungskraft, mit der man arbeiten kann. Dann gibt man der Person Übungen, durch die sie die neue Verhaltensweise festigen kann.

Bei Michael fehlte das Verweilenkönnen und das Reifenlassen seiner Energie. Was sein Leben unausgeglichen machte, war sein zwanghaftes Rennen von einer Sache zur nächsten. Das Golfspiel war zwar der erste Einstieg, doch Michael war genügend offen, um sein Muster auch in andern Lebensbereichen anzuschauen und genügend interessiert, um in die Tiefe zu gehen. Eine seiner grundlegendsten und überraschendsten Einsichten war, daß seine sehr geringe Toleranz für Freude und Befriedigung der Kern seines Füllevermeidens war. Er erlaubte sich einfach nicht, so lange bei seinen vollendeten Handlungen zu verweilen, bis er deren Früchte, Sinn und Befriedigung ernten konnte. Es fiel ihm ein, daß seine Mutter ihm eingetrichtert hatte, wie wichtig es sei, im Leben vorwärts zu kommen, in Bewegung, erneuernd und dynamisch zu sein. Er war voller Geschichten und Eindrücke, die Geschäftigkeit mit Wirksamkeit gleichsetzten. Offensichtlich war es jedermann außer Michael selbst klar, daß er lebendig und dynamisch war. Sein Immer-auf-dem-Sprung-Syndrom stand ihm nur im Weg.

Einmal hatte Michael einen Traum, der diese Disharmonie deutlich zeigte: «Ich gehe durch den Regen, den Kopf nach vorn gebeugt, die Schultern vorgeschoben wie ein Verteidiger, der um die erste Spielrunde kämpft. Ich bin schon meilenweit so gegangen. Plötzlich halte ich inne, richte mich auf und entspanne die Schultern. Es ist, als ob ich merken würde, daß ich den Regen nicht bekämpfen muß und eigentlich auch nirgendwo hin muß. Mit erhobenem Kopf sehe ich, daß der Regen aufgehört hat und alles um mich hell und sonnig ist. Ich bleibe bei einem kleinen See und lege mich ruhig ins Gras.» Michael sagte dazu: «Ich sehe in diesem Traum den Teil von mir, der mit dem Leben kämpft und nie innehält, um das Schöne rundherum zu sehen. Es ist der Verteidiger in mir, der meint, Terrain erobern sei der Zweck des Lebens.»

Nachdem er diesen Traum erzählt hatte, begannen wir, sein Muster, das überschwengliche, aber oberflächliche Rumschliddern auf der Oberfläche des Lebens, zu durchbrechen. Ich ließ ihn z. B. warten, bevor er für seine Golfschläge ausholte. Wenn er dem Ball nacheilte, hieß ich ihn, langsamer zu gehen und seinem Gang einen natürlichen Rhythmus zu geben. Er nahm sich nun Zeit, bevor er einen Schlag tat, anstatt einfach loszufeuern. Zuerst fand er das frustrierend, doch es eröffnete ihm auch eine neue Ebene des Daseins und der Erregungskraft. Das Durchbrechen des Musters verschaffte ihm die Möglichkeit zu wählen.

Er experimentierte auch mit seinem Atemmuster, das schnell war und die Ausatmung betonte. Er legte sich hin, atmete in seinen Bauch und genoß es, der Einatmung mehr Raum zu lassen. Er begann ebenfalls, jeden Tag 45 Minuten zu sitzen. In dieser Zeit lernte er, seine Absichten und Bewegungswünsche nur zu beobachten, ohne ihnen nachzugeben. Sobald ein Bewegungswunsch auftauchte, was oft und mit erstaunlicher Aggressivität geschah, dann verwendete er die Energie dieser Reaktion dafür, sich zu sammeln und sich weiter in sich zu vertiefen. Beim Atmen war es seine Aufgabe, die Einatmung reifen zu lassen, nicht so schnell wieder auszuatmen.

Auf dem Golfplatz lernte er, was müheloses Gehen sein kann. Bei seinen Putts und den langen Abschlägen arbeitete er mit dem Schwerpunkt und den Beinen. Schon bald begann er, das Gefühl der Erdung in den Beinen zu genießen. Er spürte neue, unerwartete Kraft in Schenkeln und Füßen, als er dies vertiefte. Er hatte immer gewußt, daß seine Beine laufen konnten, nun entdeckte er, daß sie ihn verankern und aus der Erde Saft und Kraft hochziehen konnten.

Als Michaels altes Muster der ständigen Eskalation durchbrochen war, entstand Raum für das Üben neuer Formen, die ihm die Erfahrung der Fülle und Vertiefung vermitteln konnten. Er erfuhr etwas, was ihm bisher fremd gewesen war, und freundete sich damit an. Dazu war es nötig, daß er Handlungen, Emotionen und Muskelhaltungen erprobte, die den Zustand der Fülle ausdrückten. Michael änderte sich grundlegend, von seinem Gang bis zu seinem Umgang mit den Kindern und seinem Golfspiel. Auf allen Ebenen begann Michael, aus einem gehalteneren Ort in sich selbst heraus zu handeln.

Das Golfspiel wurde besser, doch was viel wichtiger war, er fühlte auch, daß er eine Alternative zu seinem früheren Verhalten gewonnen hatte. Eine neue Möglichkeit, die ihm ein neues Gefühl von Freiheit und Lebendigkeit verlieh. Er war plötzlich fähig, ohne Hast und in erfüllender Weise Kontakte aufrechtzuerhalten.

Nicht etwa, daß Michael heute aufgehört hätte, ständig in Bewegung durch die Welt zu sausen. Das ist ein Teil von ihm, und ein spannender noch dazu. Ihm bedeutete es etwas, so in der Welt zu sein; er hat damit Erfolg bei der Arbeit und wird deshalb geliebt und auch abgelehnt, so wie es jedem ergeht.

Erfüllung

Im Kyudo, dem japanischen Bogenschießen, nennt man den Moment, in dem man den Pfeil abschießt, Hanari, das Loslassen. Er ist ein Ergebnis von Kai, der Vereinigung. Es ist der erhebende Moment, in dem der voll gestraffte, im Einklang mit Geist und Körper des Schützen stehende Bogen, die Energie der Vereinigungshaltung nicht mehr halten kann und der Pfeil spontan losgelassen wird. Hanari ist mit andern Worten die natürliche Folge von Kai. Wie es ein berühmter Kyudo-Meister sagte: «Wenn die Zeit reif ist, dann fliegt der Pfeil, so wie die Früchte vom Baum fallen.» Einem Meister im Moment von Hanari zuzuschauen, ist ein atemberaubender Anblick von Schönheit, Zeitmaß und Mühelosigkeit. Man hat nicht das Gefühl, ein Pfeil werde auf ein Ziel geschossen. Der Pfeil fliegt einfach, weil das als Nächstes geschehen muß. Es ist die poetische Erfüllung von Würde und Mut.

Dieses Bild eignet sich besonders gut, um den Zustand der Erfüllung im Rhythmus der Erregungskraft zu beschreiben. Es macht deutlich, daß die Erfüllung eine natürliche Folge des Zustands der Fülle ist, nicht das Ergebnis eines Kopfentscheides. Wenn wir uns über Erfüllung und Abschluß den Kopf zerbrechen – «Soll ich nun gehen?» – «Hab' ich genug getan?» – «Kann ich jetzt aufhören?» –, sind wir von unseren Gefühlen abgetrennt. Die kreative Befriedigung, die dem Abschluß einer Sache innewohnt, entspringt unserer energetischen Erfahrung und nicht unserem Denken. Man denke nur an die volle Blase, die sich natürlich entleeren will, das Ausatmen, das sich aus der gefüllten Lunge ergibt, die Iris, die sich schließt, wenn sie nicht mehr Licht erträgt, das natürliche Einschlafen, das den Tag beendet. Einen Kontakt abschließen, beinhaltet, wie Hanari, eine kreative, spontane Energieentladung. So wie das Abschießen eines Pfeils Platz schafft für den nächsten, ist auch der Abschluß eines bestimmten Kontaktzyklus das Ende einer Formwerdung und macht einem Neubeginn Platz. Wenn wir lernen, unsere Kapitel abzuschließen und zu beenden, können wir vorwärtsgehen und neue Grenzen erforschen. Viele, die in ihrem Leben an irgendein Ende gelangt sind, können schlecht damit umgehen. Sie sind vom Rhythmus ihrer Erregungskraft abgeschnitten und reagieren meistens auf eine der drei folgenden Arten: sie schließen mit einer Kurzschlußhandlung ab, was noch nicht beendet ist; sie überdecken ein Ende mit unangemessener Anhänglichkeit; oder sie versuchen, etwas am Leben zu erhalten, was eindeutig zu Ende ist.

Diejenigen, die Situationen vorzeitig abbrechen, tun dies oft, indem sie unangenehme Situationen schaffen. Nach einer Zeit der Nähe und geteilten Intimität reißen sie absichtlich einen Streit vom Zaun, wenn das Ende naht. Sie beginnen zu bezichtigen, auszuweichen oder etwas Neues anzubahnen, bevor das Naheliegende abgeschlossen ist. Wenn es ihnen gelingt, den Ärger des andern zu provozieren, haben sie eine Prophezeiung in die Welt gesetzt, die sich selbst erfüllt, und können mit Recht sagen: «Dein Ärger sagt mir, daß unsere Intimität nichts wert ist, deshalb gehe ich.» Wenn das geschieht, legt sich ein Schatten über die Zuneigung und Fürsorge, die man einst füreinander hatte. Das gibt wiederum dem Teil von uns recht, der sich vor Kontakt und Nähe fürchtet.

Andere versuchen, das Ende zu umgehen, indem sie sich anklammern oder die Situation mit unangemessenen Gefühlen füllen. Diese Strategie ist viel verführerischer und nötigender als die erste, doch ist auch sie eine Art, ein tieferes, ganzheitlicheres Ende zu vermeiden. Durch Anhänglichkeit und Anklammern weichen wir aus. Wir wollen den Trennungsschmerz nicht spüren und polstern uns mit einem honigsüßen Kontakt, der einem echten Abschluß überhaupt keine Chance gibt.

Und es gibt auch Leute, die noch an Kontakten hängenbleiben, wenn sie schon offensichtlich vorbei sind. Die Gestalt ist abgeschlossen, doch sie geben sich alle Mühe, sie noch aufrechtzuerhalten. Sie sind erschöpft, weil sie Energie in eine Beziehung, eine Arbeit oder eine Errungenschaft stecken, deren Untergang bereits vor Jahren begonnen hat. Viele klammern sich z. B. an Wut und Ressentiments gegen die Eltern, damit sie die Verantwortung des Erwachsenseins nicht auf sich nehmen müssen. Solange wir klammern, können wir andern die Schuld für die verpaßte Erfüllung zuschieben. Das Ende ist ein natürlicher Teil unseres Energierhythmus, ohne den nichts Neues Gestalt annehmen kann. Wenn wir die

Situationen vorzeitig verlassen, um nicht Abschied nehmen zu müssen, oder wenn wir aus dem gleichen Grund hängenbleiben, sind unsere Neuanfänge umzingelt von den Geistern der Vergangenheit.

Wenn wir Angst haben vor unserem Gefühlsleben oder gelernt haben, gewisse Gefühle unter Verschluß zu halten, ist es uns nicht möglich, etwas ganz abzuschließen. Wenn wir unsere Gefühle in einer Abschlußphase unterdrücken, tragen wir sie ins Leben hinaus. Dies verbannt uns in eine Schattenwelt, irgendwo zwischen Leben und Tod. Wenn z. B. Wut in unserem Selbstbild keinen Platz hat, bleibt der berechtigte, aber unterdrückte Ärger über ein Ende irgendwo in uns gespeichert. Sein Funke wird in unseren Muskeln, Organen und in unserer Haltung glimmen und uns krank machen. Und plötzlich sprudelt diese unterdrückte Wut aus der Vergangenheit unangemessen aus uns heraus: wir sind wütend mit den Kindern, mit unseren Angestellten, dem Chef, mit uns selbst.

Wenn wir in unserem Leben viele unvollständige Gestalten haben, um den Begriff von Fritz Perls zu brauchen, signalisiert unser Körper dies auf verschiedene Arten. Wenn sich jemand über Kopfschmerzen, Verstopfung, Krämpfe, Sehschwierigkeiten, Kreuzbeschwerden beklagt, dann sollte er sich fragen: «Was habe ich nicht abgeschlossen? Woran halte ich noch fest? Auf welche unabgeschlossenen Gestalten will mich mein Körper aufmerksam machen?»

Wenn wir mit unseren Abschlüssen arbeiten, sehen wir, ob unsere Geschichten mit unserer energetischen Erfahrung übereinstimmen. Wenn jemand sagt, er sei froh, daß eine Beziehung vorbei sei und gleichzeitig mit den Zähnen knirscht, sollte er sich auf die Energie in den verkrampften Kiefermuskeln konzentrieren. Und wenn einer sagt, er möchte eine Beziehung weiterführen, doch sein Körper sagt, daß sie nicht mehr befriedigend ist, dann gilt es, auf die Botschaften und Bedürfnisse des Körpers zu hören.

Es gibt für den Umgang mit Abschlüssen weder Regeln noch Formeln, außer daß man auf die Körperenergie hören sollte. Sobald man allgemeine Ratschläge gibt, ignoriert man den Reichtum und die Komplexität des Lebens. Bei Abschlüssen, die durch unsere Energie gelenkt werden, sind wir dann fähig zu sagen: «Diese

Gestalt mag meine Erregungskraft nicht mehr zu halten», oder «Ich habe für dieses Niveau der Fülle keine Energie mehr», oder «Was mich einst genährt und gelehrt hat, begeistert und interessiert mich nicht mehr».

Tom

Kurz nach 20 entdeckte Tom die Meditation, um mit einem gewaltigen Schmerz in seinem Leben zurechtzukommen. In der Sitzmeditation, die er wählte, wurde großer Wert auf das Beobachten der auftauchenden Gefühle, Gedanken und Empfindungen gelegt. Diese Praktik und die Lehren dieses Weges beeindruckten ihn tief und halfen ihm über diese schwere Zeit hinweg. Er entwikkelte sein Konzentrationsvermögen, er lernte, objektiver Zeuge seiner Erfahrungen zu sein, gewann Einsicht in die Unbeständigkeit der Dinge. Seine Praxis half ihm, weniger hysterisch und zersplittert zu sein. Er lernte, seine Erregungskraft bei sich zu behalten und seine Erfahrungen in brauchbare Grenzen einzubetten. Es gefiel ihm, was mit ihm geschah, und so begann er, die Welt durch den Raster seiner Meditation zu erfahren.

Nach einigen Jahren begann er, die Fülle als Wand zu benützen, und schnitt sich so von anderen und seiner eigenen Erfahrung ab. Sein Praktizieren verhärtete sich zu einer Ideologie, die gewisse Erfahrungen ablehnte und andere bevorzugte. Bestimmte Gefühle wie Wut waren schlecht, andere, wie Freude und Begeisterung, betrachtete er als wenig nützlich. Sein Kontakt zu anderen beschränkte sich auf das Beobachten. Es wurde zu seiner Ausweichtaktik, sobald die Dinge heikel wurden, gleich mit seiner Aufmerksamkeit zum Atem zu gehen. Er war konzentriert und beherrscht, doch alles andere an ihm war taub. Nach einer Weile verlor er den Kontakt zu seinen Gefühlen, zu seinen Werten und zu seiner Fähigkeit, Entscheide zu treffen. Er beobachtete, doch reagieren konnte er nicht. Hinter seiner heiteren, vertrauensvollen Front war er zu Tode erschreckt. Freunde zogen sich von ihm zurück wegen seiner Arroganz und Gefühllosigkeit.

In einer gewissen Hinsicht war es sehr einfach, mit Tom zu arbeiten. Er verstand, seine Aufmerksamkeit zu verwenden und er war gewillt, sich anzuschauen und mit dem Auftauchenden zu arbeiten. Doch es war auch schwierig mit ihm, weil er so kontrolliert war. Er blieb immer sehr sorgfältig bei sich. Er hatte die Qualität der Fülle in sich zu einem einsamen Wachturm entwickelt, der über sämtliche Regungen Wache stand. Er hatte ein gutes Körperbewußtsein – von Empfindungen, Temperaturen, dem Auf und Ab des Atems –, doch er wußte nicht, wie er Körper sein konnte, wie er aus ihm lernen und darin leben konnte. Erregungskraft mochte aufsteigen, und er beherrschte sie, Gefühle und Emotionen kamen hoch, und er packte sie sofort in seine Schablone der Fülle. «Es ist wichtig, im Zentrum zu bleiben», pflegte er zu sagen. Wenn ihm plötzlich eine spontane Geste unterlief, wurde er sehr verlegen. Tom machte den Eindruck zu geben, doch eigentlich gab er gar nichts von sich. Er gab objektive Informationen wie Theorien, Tatsachen, Philosophien, doch sich selbst zeigte er nie.

Es ging langsam voran in der Arbeit. Wir erarbeiteten ein solides Fundament des Vertrauens, das ihm ermöglichte, langsam hinter seiner emotionalen Barrikade hervorzutreten. Er lockerte die großen Schulter- und Beinmuskeln, damit er treten, stampfen, schwingen und ausgreifen konnte. Er entspannte die Bereiche um Augen und Kiefer, damit Tränen und Lachen leichter über sein verhärtetes Gesicht strömen konnten. Er lernte, daß er seiner Erregungskraft auch folgen konnte, anstatt sie nur zu beobachten. Nach einer gewissen Zeit stieß er auf die Trauer, die ihn auf den Meditationsweg geführt hatte. Da er nun die Hilfsmittel zur Beherrschung besaß, war seine Angst, sich in diese Gefühle der Traurigkeit und Wut hineinzubegeben, weniger groß. Er wurde weicher, es kamen viele Emotionen, Gefühle und Bewegungen hoch. Er erlaubte seiner Fülle, sich als Gefühle oder Selbsterkenntnis auszudrücken und zu erfüllen. In einer unserer Sitzungen brach eine Wut aus ihm hervor, die schrecklich und wunderbar zugleich war. Er glich einem Vulkan, und nach der Eruption sagte er: «Nun scheint mir die Welt so viel näher. Ich habe nicht mehr das Gefühl, ich müsse mich gegen sie oder irgend jemand wehren. Ich war so beschäftigt mit Beobachten und Mich-Beherrschen, daß ich ganz vergaß zu leben. Ich sehe nun ein, daß ich mich immer aufgespart habe, ohne zu wissen wofür. Es ist so erfrischend, mich frei zu geben.»

Tom meditiert weiterhin, und er ist in seiner spirituellen Gemeinschaft zu einer Art Führer geworden. Wenn man ihn trifft, fallen immer noch zuallererst seine Zurückhaltung und Beherrschung ins Auge. Doch er hat stets ein Zwinkern im Augenwinkel, und er kann freier über sich lachen. Die Leute vertrauen ihm nun, weil er mitteilt, wenn er wütend ist und weil er mit seinen Meinungen und Urteilen nicht zurückhält. Er ist jetzt offener dafür, aus seiner Reserve und Beherrschung herauszutreten und sich auszudrükken.

Nachdem wir nun eine Arbeitsgrundlage geschaffen haben durch die Erfahrung unserer erworbenen Tendenz und der vier Phasen im Rhythmus unserer Erregungskraft, können wir uns darauf konzentrieren, was es heißt, im Körper zu leben. Das folgende Kapitel zeigt uns, daß Leben im Körper bedeutet, daß wir Empfindungen, Temperaturen, Strömungen, Schwere und das Pulsieren im Körper wahrnehmen. Wenn wir so im Körper verankert sind, gelingt es uns, aus der Intuition, Kraft und Einsicht des Körpers zu schöpfen.

Der Weg

Im Körper leben

«Wer's spürt, weiß es besser.»
Bob Marley

Ich wurde vor einiger Zeit von einer Strafanstalt für Jugendliche als Aikido-Lehrer zugezogen. Am ersten Tag ging ein fast zwei Meter großer Bursche auf mich los, als die Gruppe in den Trainingsraum gelassen wurde. Ich trat rasch zur Seite, und er sagte: «Mich kotzt es so an, ich könnte jemanden umbringen.» Er war bereits Straftäter, und ich glaubte ihm. Ich drehte mich um und sagte, ohne zu überlegen: «Ich kann dir zeigen, wie man jemanden umbringt, es ist leicht.» Er stutzte einen Moment, wußte nicht recht, ob er mir glauben sollte oder nicht und blieb bei seinem abgebrühten Macho-Blick. Ich sah, daß er belastet war von vielen Botschaften aus der Vergangenheit. Sobald seine Aggression aufkam, hatte man ihm gesagt: «Behalte deine Hände in der Tasche» oder «Halte die andere Backe hin» oder «Kipp dir einen runter und vergiß es». Er kam aus zerrütteten Verhältnissen, seine Geschichte war geprägt von Isolation und Ablehnung. Sein Körper war eine wutgeballte Faust, und ich wußte, daß sie bei der geringsten Provokation explodieren konnte.

Meine Äußerung ließ ihm keine Ruhe, so daß er mich auf seine hartgesottene Art aufforderte, mehr zu sagen. «Tja», sagte ich, «ich werde dir beibringen, jemanden umzubringen. Ich verlange dafür nur von dir, daß du zu jeder meiner Sitzungen kommst.» Er hob die Brauen und sagte dann: «Das werde ich tun.» So wie ich ihm zutraute, daß er jemanden umbringen könnte, so glaubte ich auch, daß er zu jeder Sitzung kommen würde. Er war gerne auf ein Ziel gerichtet, und er kam auch wirklich in jede Sitzung.

In unserer ersten Sitzung zeigte ich ihm einige Druckpunkte. Es wurde offensichtlich, daß ihm vor lauter Eifer und Rachlust jeglicher Sinn für sein Zentrum, für Erdung und für seinen Körper abging. Er fummelte mit seinen Händen herum, die Energie mindestens einen Meter über dem Boden. Da sagte ich: «Moment, so kannst du keinen umbringen. Wir müssen erst ein paar andere Dinge abwickeln.» Diese anderen Dinge waren die Körperprinzipien: Zentrieren, Erden, Sich-Ausbreiten, Energie strukturieren und mobilisieren und sich mit ankommender Energie vermischen. Ich kann es in wenigen Sätzen beschreiben, doch ich brauchte etwa drei Monate, um ihm diese Prinzipien beizubringen. Jedesmal, wenn ich ihm eine Technik zeigte, fummelte er zuerst herum, und wir kehrten wieder zu den Körperprinzipien zurück.

Dabei begann sich eine Veränderung anzubahnen. Der junge Mann arbeitete so verbissen auf seine Rache hin, daß er kaum merkte, daß unsere Arbeit in einen ganz neuen Rahmen geschlüpft war. Man kann diese Veränderung wohl am besten beschreiben, indem man sagt, seine Aufmerksamkeit sei vom Objekt seiner Wut zu ihm selber zurückgeflossen. Mit der Zeit wurde klar, daß er seine ursprünglichen Beweggründe vergessen hatte und immer mehr mit dem Ausleben seiner Erregungskraft beschäftigt war. Etwas anderes nahm nun Gestalt an, und es führte ihn in tiefere und befriedigendere Schichten seiner selbst. Er begann nun, in seinem Körper zu leben, und das gab ihm einen Rahmen, in dem er sich entwickeln und mit seiner eigenen Erfahrung arbeiten konnte.

Er traf seine Entscheidungen immer mehr aus seinen Gefühlen heraus und weniger nach seinen Vorstellungen darüber, was er tun müsse. Seine Ausdrucksmöglichkeiten erweiterten sich, und er spürte seine Emotionen deutlicher. Er sprach mehr aus seiner eigenen Erfahrung heraus und nicht mehr so stark aus dem Kodex der Gleichaltrigengruppe.

Dieser Prozeß war nicht immer leicht, weder für ihn noch für mich. Er wollte mich zeitweise umbringen, oder ich wollte ihm den Hals umdrehen; er drohte wegzurennen, und einmal brach er zusammen und weinte über seine wackelige Identität. Er machte alles durch, was jemand erlebt, der psychisch stirbt und neu geboren wird. Unsere gemeinsame Zeit war voller großer Agonien und kleiner Siege. Doch in dem Maß, wie er mehr aus seinem Körper heraus lebte, konnte er dies alles beim Namen nennen. Er erlebte, was es heißt, für sich Verantwortung zu übernehmen.

Einmal, gegen Ende unserer gemeinsamen Zeit, stritten und stießen wir uns spielerisch auf der Matte herum, als er sich umdrehte und sagte: «Weißt du, es ist ein Kinderspiel, jemanden umzubringen. Doch es ist viel interessanter, etwas über mich herauszufinden.» Ich war erschlagen. Diese Äußerung, die Frucht unseres dreimonatigen Zusammenseins, machte alle Mühe wett. Der hartgesottene Bursche in mir ließ es ungern zu, daß mir die Tränen hochkamen. Doch sie waren da, und wir konnten sie annehmen.

Diese Geschichte macht deutlich, wie wesentlich es ist, mit jedem da zu arbeiten, wo er ist, Leben in seine Situation zu bringen, indem man einfach aufmerksam das betrachtet, was am augenfälligsten ist, ohne sich durch irgendwelche vorgefaßten Vorstellungen, wie es sein sollte, behindern zu lassen. Wenn ich diesem jungen Mann gesagt hätte: «Du solltest so etwas nicht einmal denken. Behalte lieber deine Hände in der Tasche und pfeif ein Liedchen», dann hätte er vermutlich seine Pistole gleich auf mich gerichtet. Seine Wut war das Tor zu den tieferen Energien und Bedürfnissen, nicht etwas, was ausgeklammert werden mußte.

Wichtig ist hier die Verwandlung, die dieser Mensch durchmachte, bis er sagen konnte: «Es ist interessanter, über mich selbst zu lernen», und seinen Wunsch, jemanden zu töten, fahren lassen konnte. Dieser Wandel ist die Grunderfahrung in jeder persönlichen Entwicklung. Er ist der erste Schritt zur Selbstheilung, zur Selbsterziehung und zur Selbstverwandlung. Was diesem jungen Mann geschah, war, daß er in seinem Körper zu leben begann. Durch die Übungen weckte er seinen Spürsinn für Gefühle und Empfindungen. In dem Maß, wie er sich auf seinen Körper einließ, wurde er fähig, so auf das Leben zu reagieren, daß seine Erfahrungen vertieft wurden. Mit seinem Leben im Körper begann ein innerer Dialog, der ihn lehrte, daß er selbst die Quelle seiner eigenen Bedeutung und seines Wissens sein konnte. Da sich sein Interesse von Äußerlichkeiten abwandte und sich auf den inneren Prozeß seines Lebens richtete, wurde seine Identität und Lebendigkeit weniger abhängig von der äußeren Situation. Anstatt nur den Abgebrühten zu markieren, der auf Rache aus ist, entwickelte er eine Vielfalt von Gefühlen und machte viele neue Erfahrungen. Seine Reaktionen auf andere Leute und die Umgebung wurden reicher und vielfältiger. Er spürte nun, was Sokrates mit «Erkenne dich selbst» gemeint hatte.

Wenn wir im Körper sind, dann werden wir zu Lernenden. Wir können aus Situationen, aus unserer Erfahrung, aus dem Leben lernen. Wenn wir nicht im Körper leben, in dem unsere Erfahrungen gespeichert sind, können wir nur routinemäßig lernen und mechanisch reagieren. Wenn wir uns mit dem Körperleben identifizieren und uns weniger von den Ansprüchen der Gesellschaft und unserer unablässigen Gedanken- und Phantasienmühle lenken lassen, dann kommen wir dem ursprünglichen Selbst näher. Das verleiht uns die Fähigkeit, echt und direkt auf das Leben zu reagieren.

Dieser Jugendliche hatte bis jetzt nach dem Muster reagiert: «Der und der ist ein Saukerl, er hat mich wütend gemacht, wenn ich ihn das nächste Mal sehe, werde ich ihn niedermachen.» Doch als er begann, seinen Körper zu beleben, änderte sich dieses Muster. Er spürte nun die Energie seiner Wut mehr als deren Inhalt. Anstatt nur um sich zu schlagen, war er nun fähig, sich dieser Energie zu öffnen. Es wurde für ihn sinnvoll, seine Aufmerksamkeit auf die innere Erfahrung zu richten. Er entdeckte, daß er mit seiner Wut anders umgehen konnte, als sie nur auf andere zu entladen. Wenn wir in unserem Leben eine solche Wandlung durchmachen, werden wir für unsere Handlungen verantwortlich.

Indem wir unsere Aufmerksamkeit auf diese Weise nach innen lenken, ziehen wir uns nicht zurück, sondern beleben uns selbst. Mit unserer Erfahrung zusammenzusein, ohne sie sofort nach außen zu projizieren, gibt uns das Gefühl der Stärke und Ganzheit. Wir lernen, daß unser Ganzheitsempfinden von innen kommt und fühlen uns nicht mehr gezwungen, vor unserer Frustration davonzulaufen. Das gibt uns die Möglichkeit, aus unserer Unzufriedenheit zu lernen und mit unserem Schmerz und unseren Ängsten zu arbeiten.

Wenn wir mit unserem Körper in Verbindung stehen, können wir miterleben, wie unsere Erfahrungen zu Haltungen werden. Wir merken, daß wir in jeder Situation wählen können, wie wir uns dazu stellen. Alles kann uns genommen werden – Freunde, Verwandte, Heim, Status, alle menschlichen Bedürfnisse uns versagt werden –, doch unsere Haltung zu irgendeiner Situation kann uns keiner nehmen. Wenn wir mit der Energie verbunden sind, die durch unsern Körper fließt, haben wir stets die letzte Wahl, wie wir uns zu einer Situation stellen. In diesem Sinne können wir die Situation bestimmen.

Das Körperwerden ist eine Grunderfahrung. Damit sie sich einstellen kann, muß man zwei Prozesse verstehen und erfahren: Energie und Aufmerksamkeit.

Energie

Unsere Energie ist unser Lebendigsein. Sie ist der Stoff, der unserem Leben Kontinuität verleiht. Wir erwachen damit, wir gehen damit zu Bett, sie ist in unseren Wach- und Schlafträumen gegenwärtig. Sie ist der Fluß, der Sinn und Bedeutung unseres Alltagslebens trägt. Wir haben Gedanken, Bilder, Erinnerungen, Empfindungen und Emotionen, die in diesem Fluß geboren und genährt werden. Energie ist der Grund, aus dem unser Leben quillt. «Dieser Strom verbindet mich mit dem Rest der Welt», sagte Thoreau. In den verschiedenen Kulturen und Traditionen hat sie viele Namen: *Ki, Chi, Shabd, Elan vital, Prana, Lebensstrom.* In diesem Buch bedeuten Energie und Erregungskraft grundsätzlich dasselbe: die Basis unserer Existenz und der Grundstoff unserer Erfahrung.

Bei jeder therapeutischen, künstlerischen oder erzieherischen Arbeit ist das Hauptanliegen stets, den Kontakt mit der eigenen Energie herzustellen, d.h. jemanden mit der Erfahrung seines gelebten Körpers zu verbinden. Im ersten Schritt hält man die Person dazu an, sich mit dem zu identifizieren, was sie fühlt, ihre Aufmerksamkeit auf das zu lenken, was im Körper vor sich geht. Wenn wir uns auf das Spüren einlassen, verlassen wir den Kopf und begeben uns in die Energieströme des Körpers. Leben im Körper bedeutet, im Moment zu leben. Energie und Aufmerksamkeit weben zusammen unser Sein – und zwar körperlich, emotional, psychologisch und geistig.

Wir können unsere Energie auf viele Arten erleben: als Schub, wenn wir überrascht und plötzlich aufgeschreckt werden, oder als Kribbeln, Vibrieren und Fließen im ganzen Körper nach einigen tiefen Atemzügen. Wenn wir in die Hände klatschen, sie kräftig aneinander reiben und sie dann etwa 20 cm voneinander halten, dann spüren wir Energie auf den Handflächen. Eine Energieerfahrung ist auch der Druck, den wir spüren, wenn wir unsern Atem so lange anhalten, wie wir können, und die Fülle, die eintritt, wenn wir ihn loslassen. Das Zittern bei einer längeren Beugung oder Anspannung ist Energie. Die Wärme und das Vibrieren beim Lieben sind Energie aus dem menschlichen Kontakt. Das Pulsieren im und um den Körper ist unser Energiefeld. Energie ist eigentlich nichts besonderes. Sie ist der Kitt, der alles zusammenhält und uns mit unserem innersten Kern verbindet.

Aufmerksamkeit

Im Film «Star Wars» sah ich eine eigentlich normale Szene, die mich jedoch stark beeindruckte. Han Solo, Chewbacca und Artoo Detoo standen alle beisammen und planten das weitere Vorgehen, als Han Solo plötzlich auf eine Art erleuchtet schien, die den andern beiden fehlte. Ich fragte mich: «Was unterscheidet Han Solo, den Menschen, so sehr von den beiden andern?» In mancher Hinsicht unterschied er sich nicht von seinen Gefährten. Wie der sensible Roboter Artoo Detoo hatte er seine logischen und intellektuellen Fähigkeiten hoch entwickelt; wie Chewbacca, die kraftvolle Tierfigur, besaß er die Leidenschaft, die für Ausdruck und Handlung nötig sind. Doch Han Solo besaß noch etwas anderes. Inwiefern war er als Mensch anders beschaffen als die Tiere und Maschinen? Offensichtlich war er weniger berechenbar als die andern. Doch woran lag das? Und woher kam das Licht, dieser plötzliche Stimmungswechsel, diese Empfänglichkeit für Grazie? Es war sein Vermögen, sich selbst wahrzunehmen. Nur er konnte seine Aufmerksamkeit zugleich auf die äußere Umgebung und auf seinen inneren Prozeß richten. Es war, als ob er ein zusätzliches Organ besäße, das die andern nicht hatten – ein Aufmerksamkeitsorgan.

Aufmerksamkeit ist eine Grundvoraussetzung für die Körperwerdung. Sie bestimmt zugleich unser Lernen und unsere Entwicklung. Wenn wir auf das, was wir tun, achtgeben, sind wir schon dabei zu lernen und unterstützen gleichzeitig den Lernprozeß. Die Aufmerksamkeit ist das Steuerruder, das unser Schiff durch die Welt lenkt. Sie gibt uns eine Richtung und verbindet uns mit dem Energiefluß, der uns bewegt. Aus dem aufmerksamen Wahrnehmen entsteht das Erwachen, das uns über die üblichen Träume von Wohlstand und Romantik hinaushebt. Unser Leben wird reicher, wenn wir dieses Wachsein pflegen, denn es sagt uns, wer und wie wir sind.

Wenn wir uns mit dem Körper einlassen und uns als Lernquelle benützen wollen, müssen wir uns mit dem Leben in unserm Körper identifizieren. Um körperlich wahrzunehmen, was wir fühlen, berühren, schmecken, hören, atmen, sehen und denken, müssen wir unsere Aufmerksamkeit vom Analysieren und Erinnern auf das Fühlen und Spüren verlegen. Sobald Aufmerksamkeit in unserem Körper ist, sind unsere Handlungen belebt und kraftvoll. Ohne sie ist unser Leben mechanisch; wir handeln zwar, doch sind wir nicht wirklich bei uns selbst. Wir können unsere Arme noch so korrekt um ein Kind legen, um es zu umarmen, wenn die Aufmerksamkeit fehlt, übermitteln wir nur den Schatten jener Wärme, die aus wirklichem Kontakt entsteht.

Unsere Aufmerksamkeit ist immer am Werk; sie schweift in die Welt hinaus und wieder zu uns zurück. Sie ist unser Geburtsrecht und braucht nicht unterdrückt zu werden. Wir müssen jedoch mit ihr in direkten Kontakt kommen, damit wir sie benützen können. Wenn wir lernen, sie zu lenken, kann sie uns helfen, Sinn und Ganzheit zu verwirklichen.

Unsere Aufmerksamkeit ist wie ein Organ oder Muskel in dem Sinne, daß sie auch im biologischen Bereich funktioniert und durch

Körperübung gepflegt, genährt und gestärkt werden kann. Die Körperarbeit hilft uns, zwei Prinzipien dieses Organs Aufmerksamkeit zu verstehen.

Erstens kann die Aufmerksamkeit gelenkt werden. Sie ist mit anderen Worten flexibel und nicht beschränkt auf ein bestimmtes Sinnesorgan. Eigentlich ist es die Aufmerksamkeit, die die Sinnesorgane mit Präsenz und Lebendigkeit durchtränkt. Wie ein kraftvoller Laserstrahl kann die Aufmerksamkeit in alle möglichen Richtungen in und außerhalb von uns gerichtet werden. Wir können das erfahren, wenn wir die Aufmerksamkeit auf Hände und Finger lenken, während wir dieses Buch halten. Wir erhalten dadurch Informationen über die Beschaffenheit des Papiers, das Gewicht des Buches, den Druck der Finger beim Halten. Wenn wir nun die Aufmerksamkeit auf die Geräusche in diesem oder einem anderen Raum lenken, erreicht uns ein ganz neues Paket von Informationen über unsere Gehörgänge. Dabei halten die Hände weiterhin das Buch und berühren die Seiten.

Nun schwenken wir die Aufmerksamkeit auf die Erinnerung an die letzte Mahlzeit. Während die Aufmerksamkeit das Gedächtnis abtastet, tauchen Höhepunkte dieses Essens auf, vielleicht sogar verbunden mit Tast- und Geschmacksempfindungen. Und nun kehren wir zurück zur Erfahrung des gehaltenen Buches. Die Geräusche im Raum sind weiterhin da, die Erinnerungen bleiben, doch wir richten die Aufmerksamkeit auf etwas anderes. Es ist, als ob wir einen Selektor hätten, mit dem wir uns auf verschiedene Kanäle einstellen können.* Wenn wir über sie verfügen können, haben wir ein Instrument, das uns zur Erfahrung des Körperlebens zurückbringt und uns im Moment verankert.

Zweitens kann die Aufmerksamkeit eine bestimmte Situation beleben oder ihr Leben entziehen, denn sie zieht Energie an. Und wo immer wir die Aufmerksamkeit hinlenken, wird die Energie nachfolgen. Richten wir sie zum Beispiel auf eine bestimmte Körperfunktion, so können wir über diese Funktion Informationen sammeln und sie schließlich verändern. Charles Darwin sagte:

---

* Diese Fähigkeit, die Aufmerksamkeit zu richten, ist der Schlüssel zu unserer Körperwerdung.

«Aufmerksamkeit oder bewußte Konzentration auf praktisch jeden Körperteil hat eine direkte physische Wirkung.» Das ist erfahrbar, wenn man sich auf einen Körperschmerz konzentriert. Dann merkt man, daß der Schmerz nicht statisch ist, sondern dynamisch, und daß die Kraft unserer Aufmerksamkeit den Schmerz verändern und ihn so auch lindern kann. Wenn wir die Aufmerksamkeit nach innen richten, lernen wir manches Körpersignal besser zu verstehen. Ein ganz einfaches Beispiel ist dieses: um herauszufinden, ob es Zeit zum Essen ist, können wir uns auf den Magen konzentrieren anstatt auf die Uhr oder irgendeine Idee über die «richtige» Essenszeit.

Lenken Sie nun Ihre Aufmerksamkeit nach innen und spüren Sie, ob Sie mit dem Herz Kontakt aufnehmen können. Spüren Sie, wo es ist, seinen Rhythmus, seine Kraft, die Botschaft, die es sendet? Wenn Sie der Aufmerksamkeit erlauben, in Ihrem Herzen zu wohnen, ohne Vorstellung darüber, was geschehen sollte, merken Sie bald, daß sich der Puls verändert. Vermutlich wird er langsamer und rhythmisch. Und wenn sich das Herz ganz öffnet, wird die Brust weicher und wärmer, was sich auf unsere Beziehungen zu anderen und unsere unmittelbare Umwelt auswirkt.

Die Aufmerksamkeit birgt gewaltige Möglichkeiten zur Heilung und zum Lernen in sich. Wenn man in Gedanken an eine frustrierende Situation gefangen ist, kann man versuchen, die Aufmerksamkeit von den Gedanken weg auf den Atem zu lenken. Man soll dabei gar nichts Besonderes mit dem Atem tun, nur dabeibleiben, sich achtsam hineinsinken lassen. Sobald die frustrierenden Gedanken wiederkommen, gehe man zurück zu den Gefühlen und Empfindungen des Atems, der durch Bauch, Körper und Nase strömt. Es sollen so nicht etwa Gefühle oder Gedanken unterdrückt oder negiert werden, sondern es ist eine andere Möglichkeit, mit Sorgen und Unruhe umzugehen.

Wenn wir unsere Aufmerksamkeit auf das richten, was lebensfördernd und kreativ ist, wird dieser Teil von uns genährt. Wenn wir unsere Aufmerksamkeit auf das Negative richten, wird dieses genährt. Nietzsche drückte dies besonders eindrucksvoll aus: «Wenn wir zu lange in den Abgrund schauen, fallen wir hinein.»

Hier ist eine weitere einfache Übung, die uns mit den Prinzipien und der Verwendung der Aufmerksamkeit vertraut macht. Man setze sich bequem mit offenen Augen hin und lasse die Aufmerksamkeit aus dem Fenster schweifen. Nun richte man sie nacheinander auf den Fensterrahmen, auf einen Gegenstand in der Nähe, auf die Empfindungen im Fuß, auf den Atemrhythmus und schließlich auf den Ort in seinem Inneren, wo man seinen Kern vermutet. Wenn man die Aufmerksamkeit umlenkt, bleiben die Gegenstände da, doch der Strahl der Aufmerksamkeit erhellt und energetisiert abwechslungsweise jeden von ihnen. Sie existieren alle gleichzeitig, doch unsere Aufmerksamkeit setzt sie in den Vordergrund unserer Erfahrung. Genauso können wir den Zustand des belebten Körpers erhellen, wenn wir uns über die Aufmerksamkeit mit unserem Körper identifizieren anstatt über Erinnerungen und Phantasien.

Wenn wir auf das achten, was wir tun, schaffen wir Raum für die Erforschung von uns selbst. Durch die Aufmerksamkeit können wir uns buchstäblich öffnen und an etwas teilhaben, das die vertrauten Grenzen sprengt. Wenn wir unsere Aufmerksamkeit schulen, treten wir nach und nach in Kontakt mit einer Intelligenz, die zur Quelle unseres Lernens werden kann. Aufmerksamkeit ist somit die Voraussetzung für Lernen und Wandlung.

Um das Organ der Aufmerksamkeit zu schulen, sollte man sich eine bestimmte Zeit dafür reservieren. Man setzt sich bequem auf einen Stuhl oder ein Kissen, mit offenen oder geschlossenen Augen. Man beobachtet den Atem, entweder wie er den Bauch hebt und senkt oder wie er zur Nase ein- und ausströmt. Sollte man in Gedanken oder Erinnerungen abschweifen, dann holt man die Aufmerksamkeit einfach zum Atem zurück. Tut man dies täglich eine viertel, eine halbe oder eine ganze Stunde, dann wird das Aufmerksamkeitsorgan gekräftigt, und man ist eher fähig, in den Zustand des unmittelbaren Körperlebens zurückzukehren.

Es klingt ein bißchen exotisch, wenn wir davon sprechen, im Körper zu leben, so wie Ferien im Club Méditerrané oder Zelten an einem idyllischen Strand. Aber eigentlich ist es das Wichtigste in unserem Dasein, und es geschieht hier und jetzt. Ich verwende den Ausdruck «lebendiger» Körper, um ihn vom anatomischen zu unterscheiden. Wir alle wissen, daß wir einen Körper haben und können seine Teile benennen, doch die Erfahrung seiner Lebendigkeit machen wir mittels Emotionen, Empfindungen, Temperaturen, Handlungen und Energiezuständen. Erst durch das Leben im Körper haben wir am Leben teil und können aus unserer Erfahrung lernen.

Ein Hauptanliegen der somatischen Körperarbeit ist es also, der betreffenden Person zu helfen, in ihrem Körper zu leben. Und der wichtigste Schritt dabei ist, die Aufmerksamkeit auf die Empfindungen zu lenken. Ob diese nun heiß, kalt, hart, weich, schwer, leicht, rauh oder weich sind, wenn wir sie wahrnehmen, beginnen wir uns mit dem Leben im Körper zu verbinden. Wenn diese Verbindung einmal hergestellt ist, können wir Gefühle wie Freude, Glück, Wut oder Trauer spüren. Oder wir können Energiezustände wie Fließen, Vibrieren, Pulsieren, Strömen und Aura wahrnehmen. Sobald unsere Aufmerksamkeit im Körper ist, beginnen wir zu fühlen und uns mit unserer Energie zu verbinden. Die Energie belehrt uns über unsere Richtung und unseren Lebenssinn. Wenn wir aus der Energie heraus reagieren, reagieren wir aus dem ursprünglichsten Teil von uns heraus. Handeln aus der Energie heraus und nicht aus Ideen, sozialen Vorstellungen oder als Antwort auf Erwartungen der andern, bereichert unseren Ausdruck und unsere Lebendigkeit.

Mechanisches Üben oder das Trimmen auf ein äußerliches Image hin sind nicht gleichbedeutend mit Im-Körper-Leben; ebensowenig das Entwickeln einer Technik, die gewisse Emotionen verstärkt oder uns umgekehrt in Ruhe und Neutralität verbannt. Im Körper leben heißt, aus dem Lebensstrom heraus zu fühlen und zu leben, der alle Dinge bewegt.

Nach den Grundsätzen der Körperarbeit entsteht die richtige Haltung aus einem inneren Gefühl des Wohlbefindens und der Ganzheit und ist nicht die Folge von Gewebemanipulationen oder mechanischen Übungen. Am Anfang meiner Ausbildung, als ich mich damit beschäftigte, Körper strukturell zu korrigieren, lehrte mich einer meiner Klienten etwas sehr Wichtiges. Er war intelligent, interessant und verdiente sich sein Leben mit Philosophieunterricht. Da für seine Haltung der wie bei einem Geier vornüberhängende Kopf typisch war, konzentrierte sich unsere Arbeit auf Nacken und Schultern. Ich verwendete viel Zeit darauf, sein Nacken- und Schultergewebe zu dehnen und neu zu strukturieren, bis er anatomisch so beweglich war, daß er den Kopf gerade auf den Schultern tragen und seine Brust füllen konnte. Am Ende einer dieser Sitzungen konnte er der Welt aufrecht ins Auge blicken. Er spürte die Beine unter sich und freute sich, daß er seinen Bauch und seine Brust bewußt fühlen konnte. Ich war stolz, und er war zufrieden. Doch kaum war er einen Block von meinem Studio entfernt, sackten seine Schultern wieder ein, der Kopf fiel vornüber, und die Brust wurde hohl. Er war wieder der, der mit gesenktem Kopf die Welt prüfend betrachtete, den Rest des Körpers von sich abgetrennt. Als wir über diese Rückverwandlung sprachen, sagte er, er fühle sich einfach nicht als er selbst ohne diesen vornüberhängenden Kopf. Eine solche Haltung gehöre zu einem Philosophieprofessor. Das half mir zu verstehen, daß das Leben in unserem Körper durch innere Empfindungen bestimmt wird, nicht durch mechanisch korrekte Bewegungen und Haltungen.

Man kann auf drei verschiedenen Stufen im Körper leben. Auf der ersten Stufe lenken wir unsere Aufmerksamkeit auf einen gewissen Körperteil – Schultern, Kiefer, Füße, Magen – und treten in Kontakt mit den jeweiligen Empfindungen. Wenn wir das beherrschen, können uns die Körperteile Rückmeldung über emotionale, strukturelle und funktionelle Zustände geben. Unsere verspannte Schulter kann uns zum Beispiel sagen, daß wir Angst haben, oder die geballten Fäuste können uns verraten, daß wir aufgeregt sind und dies unterdrücken. Oder vielleicht fällt uns plötzlich auf, daß unser schmerzendes Knie eigentlich von der Verkrampfung in den Lenden herrührt. Auf dieser Stufe sind wir eindeutig in Kontakt mit unserem Körper, doch wir leben noch nicht ganz in ihm. Er ist wie ein neuer Freund, den wir kennenlernen.

Auf der nächsten Stufe wird das Leben im Körper zum Seinszustand. Der ganze Körper befindet sich im Zustand der Aufmerksamkeit, wir konzentrieren uns nicht auf einen Punkt oder einen Teil von ihm, sondern erfahren uns als lebendiges Ganzes. Wir beginnen, unsere Handlungen und Werte körperlich zu leben. Nun sind wir wirklich fähig, uns zu entspannen, und dadurch strahlen wir energetische Präsenz aus.

Auf der dritten Stufe wird der Körper zum Weg. Wir beginnen, Fähigkeiten wie Hellsehen und Heilen, die der Körperintuition entspringen, zu entwickeln. Dies bedeutet, daß wir die Prinzipien des Erdens, Zentrierens, Sich-mit-Energie-Vermischens und Wahrnehmens so weit integriert haben, daß wir sie im sozialen, emotionalen und spirituellen Leben brauchen können. Nun sind wir eins mit der Energie, die durch uns strömt. Wir sind eins mit unserem Körper, und gleichzeitig sind wir mehr als unser Körper. Wir nehmen uns selbst und andere als pulsierende, magnetische Energiefelder wahr.

Diese drei Stufen greifen ineinander über, sie sind in der Praxis nicht so klar abgegrenzt, doch helfen sie uns zu verstehen, was es heißt, im Körper zu leben. Ein Mann, dem ich den Namen Brett geben will, durchlief in den vier Jahren, in denen er Körperarbeit, Therapie und Aikido machte, diese Stufen.

Brett

Brett war ein riesengroßer Mann, der im Baugewerbe arbeitete. Seine ganze Kraft saß in der aufgeblähten Brust und den starken, sehnigen Armen. Seine Stirn war abweisend, wissend und unabhängig, und seine Haltung drückte aus: «Ich bin auf niemanden angewiesen.» Das vorstehende Kinn schien zu sagen: «Los, probier's doch mal, ich warne dich.» Für einen so großen Mann nahm er jedoch sehr wenig Raum ein. Er drückte sich in den Stuhl hinein, klemmte die Beine zusammen und sprach in die Luft. Die Beine waren im Gegensatz zum Oberkörper spindeldürr und steif. Füße und Zehen glichen Krallen, die sich an der Erde festklammerten. Er schleppte sich einher wie ein mürrischer, wachsamer Riese. Brett war reserviert, doch man hatte auch den Eindruck, daß er Anschluß suchte und einbezogen sein wollte. Er hatte den Drang zu wachsen, doch er war in seinem gepanzerten Leib eingesperrt.

Obwohl sich Brett selber für fit und aktiv hielt, weil ihn seine Arbeit physisch forderte und ihn zwang, draußen zu sein, fehlte seinem Gewebe die Lichtqualität, die normalerweise mit Gesundheit und Präsenz einhergeht. Seine Haut, der die natürliche Elastizität und Farbe fehlte, war straff über sein riesiges Körpergestell gespannt. Ein großer Teil seiner Erregungskraft verdichtete sich in seinen Augen und seiner Stirn. Er hatte strahlend blaue Augen, die streng darüber wachten, daß nichts in ihn eindringen konnte, indem sie unbeweglich in die Welt starrten. Er dachte, das gebe ihm einen intensiven und interessanten Blick, doch war es offensichtlich, daß er auf diese Art nur sehr wenig sah. Er ließ nur kleine Atemzüge in seine massive Brust eindringen, und nach jedem Einatmen hielt er den Atem oft nur einen kleinen Augenblick lang an und zog den ganzen Körper, vom Nacken bis zum Geschlecht, zusammen.

Wie ich ihn so sitzen sah, dachte ich: «Das ist ein zwölfjähriger Junge in einem Erwachsenenkörper. Hinter diesem Muskelpaket steckt ein erschrecktes Kind.» Obwohl sich seine Stimme anhörte, als ob er einen Fahrplan vorlese, und obwohl seine Handknöchel weiß waren, weil er sich so sehr an die Stuhllehne klammerte, meinte Brett, er fühle sich «bestens». Wie Brett über sich dachte, unterschied sich grundlegend von dem, wie er wirklich war.

Brett hatte sich auf eine Arbeit an sich selbst vor allem deshalb eingelassen, weil seine Frau und seine Geschäftspartner ihn dazu drängten. Er sagte, er habe einen «Tiefpunkt» in seinem Leben erreicht, was sich in immer häufiger auftretender Migräne, im Nachlassen des Sexualtriebs, einer unproduktiven Phase im Geschäft und einer kostspieligen Kokaingewöhnung äußere. Brett war damals 34 und seit zehn Jahren kinderlos verheiratet. Er stammte aus dem mittleren Westen, hatte aufgrund eines Sportstipendiums ein kleines lokales College besucht, kam dann durch die Marine an die Westküste und trat in die Fußstapfen seines Vaters, indem er Bauunternehmer wurde.

In den ersten drei Sitzungen lernten wir uns kennen. In der vierten wollte Brett in die Körperarbeit einsteigen. Ich forderte ihn auf, sich einfach hinzulegen und möglichst offen zu sein. Am auffälligsten war bei Brett, daß er gar nicht richtig auf der Matte lag. Die langen Rückenmuskeln waren wie gespannte Drahtseile, sein Brustkasten war aufgebläht wie eine volle Blase, und Hände und Arme drückten nach unten, als ob er sich vom Boden fernhalten wollte. Seine Glotzaugen, die gegen das Zwinkern ankämpften, schienen meilenweit wegzuschauen. Er ließ nur spärlich Atem eintreten, und jedes Ausatmen war genau bemessen. Da er sich dermaßen einengte und von jeder Kontaktmöglichkeit abschnitt, tönte ein graugrüner Schatten seinen Teint, als ob er sich mit einer Schutzschicht umgeben hätte, die das Leben in ihm und um ihn dämpfte. Fragte man, wie es ihm gehe, dann pflegte er zu sagen: «Bestens.» Erneut war da dieser gewaltige Bruch zwischen seinem Befinden und dem Wunsch, wie er gesehen sein wollte. Der gleiche Widerspruch zeigte sich auch zwischen seinem überspannten, muskulösen Körper und den dünnen, unterentwickelten Beinchen. Brett hatte sich irgendwie eingeredet, daß das Leben in diesem selbstgezimmerten Sarg die Garantie für Kraft und Wohlbefinden darstelle. Er schien Steife und Rigidität mit Kraft und Männlichkeit gleichzusetzen. In Wirklichkeit lebte er ganz und gar nicht in seinem Körper, sondern in seiner Vorstellung von sich selbst. Bretts Tendenz ging dahin, Brust, Kehle und Augen zu verkrampfen und den «braven Jungen» zu spielen. Der Rhythmus der Erregungskraft betonte die Phase der Fülle allzu stark.

Nach einer Weile faßte ich sanft an Bretts Kinn. Der Kiefer fühlte sich an, als ob er wie ein Pferd auf eine Kandare beißen würde. Wir lenkten seine Aufmerksamkeit dorthin, und ich zeigte ihm, daß der Körper so gebaut ist, daß die Zähne sich nicht berühren müssen. Ihm wurde klar, daß er seine Kiefer vermutlich zu stark festhielt, wenn er sie ständig zusammenbiß. Er lernte auch, daß ein zusammengebissener Kiefer die Ursache für Kopfschmerzen und Beschwerden in Augen und Ohren sein kann. Brett hatte keinen Kontakt zu der starken Verkrampfung um Kiefer und Mund, die er ständig hielt. Nur indem ich immer wieder sein Kinn berührte, konnte er sein Festhalten überhaupt spüren. Manchmal bat ich ihn, noch fester zuzubeißen, um Druck und Spannung im Kiefer bewußt zu verstärken. Das brachte seine Aufmerksamkeit in diesen Bereich und half ihm, die Spannung zu lokalisieren und dann loszulassen.

Als er nun die Kiefer losließ, wurden seine Augen weicher, die Brust entspannte sich für einen Moment, und er tat tiefere Atemzüge. Was wirklich geschah, war, daß Brett diesen Teil von sich mit Körperleben zu füllen begann. Er begann, in seinem Kiefer zu leben und ihn zu erfahren. So wurde sein Körper zu seiner Informationsquelle. Es war das erste Mal seit langem, daß er bewußt seinen Gefühlen Aufmerksamkeit schenkte. Immer wieder berührte ich sein Kinn, um ihn an das Loslassen zu erinnern. Dies und einige zusätzliche Übungen zwischen unseren Sitzungen ließen ihn merken, wie stark er seine Kiefer festhielt. Das Zubeißen und dessen Bedeutung für Zähne und Augen wurden ihm bewußt. Einen Monat nach dieser Entdeckung schlug er die Brücke zwischen dem Zusammenbeißen der Zähne zur Migräne, und weitere zwei Wochen später verband er seine Kiefer mit einem unterdrückten Gefühl. In der Körperarbeit leiten solche Einsichten und Wahrnehmungen häufig zur nächsten über.

In der Sitzung, in der er die emotionale Geschichte seiner zusammengebissenen Kiefer entdeckte, arbeiteten wir mit den Gefühlen und Ausdrücken in seinem Gesicht. Plötzlich tauchte in der Erinnerung sein Vater auf, der ihm immer wieder sagte, wohl als eine Art Lehre: «Halt den Mund und schau aufgeweckt drein.» Er hatte es zwar nicht in einem bösen oder mahnenden Ton gesagt, doch so oft wiederholt, als sei es etwas, das man im Leben brauchen würde – vermutlich, um vorwärtszukommen.

Brett flocht nun diese Erinnerung in sein heutiges Leben ein und experimentierte mit verschiedenen Gesichtsausdrücken, Gesten, Tönen und Bewegungen, die ihn spüren ließen, wie er sich das Leben mit ‹geschlossenem Mund› eingerichtet hatte. In der nächsten Sitzung sagte er: «Ich hab' diese Woche gemerkt, daß mein Kiefer es mir praktisch verunmöglicht, irgend etwas direkt zu sagen. Da, wo ich herkomme, hatte ein ‹braver Junge den Mund zu halten und aufgeweckt dreinzuschauen›, und ich tu' das heute noch.» In seinem Gesicht lag eine Mischung aus Neugier, Wut und Erleichterung, die sich oft bei solchen Entdeckungen einstellt. «Warum tu' ich mir so was an?» war seine Frage.

Von seiner Neugier geleitet, stieß Brett auf den Wunsch, vom Vater angenommen zu sein. Er schaute sich an, wie er um Annahme warb, wenn er den braven Jungen spielte. Er hatte das Spiel so lange und so ernsthaft betrieben, daß es ihm in Fleisch und Blut übergegangen und zu einer fixierten Muskelhaltung geworden war. Er merkte, daß er von dieser Gewohnheit so abhängig geworden war, daß ihm nicht einmal auffiel, daß er nicht erhielt, was er eigentlich wollte – nämlich Annahme. Irgendwann in seinem Leben, vielleicht mit vierzehn, hatte Brett entschieden, in den Augen seines Vaters ein Mann sein zu wollen. Die Gefühle und Wünsche, die er um der erstrebten Annahme willen verleugnet hatte, lagen nun in ihm brach.

Er hatte alles getan, um diese Annahme zu erhalten – er legte sich einen starken, muskulösen Brustkorb und kräftige Arme zu, wurde ein hervorragender Athlet und guter Marineoffizier, hatte eine schöne Frau und ein Unternehmen wie sein Vater –, aber er lebte nicht wirklich in diesen Rollen. Er war woanders, lebte seinem Bild vom braven Jungen nach, ohne wirklich zu spüren, wer er war und was er wollte. Als sich trotz seiner Anstrengungen Annahme und Befriedigung nicht einstellten, wurde Brett immer verstockter. Er wußte plötzlich nicht mehr, was er wollte und was für ihn wesentlich war. Es begann in ihm zu brodeln. Der ‹böse Junge› brach durch: seine Beine hatten genug davon, diese gewaltige Fassade dauernd tragen zu müssen, sein Kopf schmerzte vor lauter Gedanken und Kontrollstrategien, sein Herz war unter dem Grab des starren Brustkorbs verschwunden. Seine Abhängigkeit verlagerte sich auf Kokain, und es wurde schwierig, mit ihm zusammenzuleben.

Als diese Gefühle und Einsichten auftauchten, wurde Brett wütend. Sein Kiefer war nun weniger kontrolliert, und er begann, Dinge auszusprechen, die ihn überraschten. Manchmal entfuhr ihm ein «Scheiße, Dad!» oder «Meine verdammte Baufirma widert mich an». Zu Anfang fiel er dann oft zurück in den braven Jungen, der sich selbst kritisierte, oder aber reagierte mit falschem Mitleid auf seine Wutgefühle. Er sagte dann: «Mein Vater war gut zu mir; ich habe kein Recht, wütend auf ihn zu sein.» oder «Er wußte nicht, was er tat, ich verstehe, daß er nicht anders konnte.« Brett kannte Mitgefühl, doch dessen echter Ausdruck war begraben unter vielen Schichten von Wut und Frustration. Er fürchtete, daß seine Wut so groß werden könnte wie er selbst und daß er Möbel zertrümmern würde, sobald er den braven Jungen entlassen würde. Er war groß und wütend, doch in seinem Innern war eine natürliche Fürsorge angelegt. In seiner Erziehung war jedoch «fürsorglich sein» mit «ein

Weichling sein» gleichgesetzt worden, und das wollte Brett nicht – er wollte sein wie sein Vater. Dabei war es genau das Fürsorgliche in diesem wuchtigen, rauhen Mann, das ihn einmalig und zugänglich machte.

In diesen Sitzungen ermutigte ich Brett, seine Gefühle der Ablehnung, Fürsorge und Wut zum körperlichen Erlebnis werden zu lassen. Aus lauter Angst wehrte er sich dagegen, indem er ständig das Thema wechselte, über seine Gefühle sprach und sie rationalisierte oder den scheinheiligen braven Jungen spielte, der Verständnis hatte. Ich führte ihn dann zurück zu seinen Körperwahrnehmungen, die ihm halfen, Meinungen und Urteile über sich selbst durch konkrete Körpererfahrungen zu ersetzen. Am Anfang erlebte Brett seinen Körper entweder durchflutet von herrlichen Wärmeempfindungen und Wohlgefühlen oder gepeinigt von Panik und Schrecken. Da er seine Welt so lange kontrolliert hatte, wurde er nun von den Gezeiten seiner Empfindungen und Gefühle mitgerissen. Doch Brett nahm diese Herausforderung an und begann langsam, sich auf seinen Körper einzulassen. Indem er seinen Wahrnehmungen und Gefühlen in Gesten, Tönen, Stößen, Fußtritten und Atemrhythmen Ausdruck verlieh, gewann er nach und nach Vertrauen in seine Erregungskraft. Der neue Boden war noch wackelig, doch Brett erlebte nun einen Körper, der ihm eine spannende Geschichte über ihn selbst erzählte. Sein Körper signalisierte ihm Gefühle, Wünsche, Ablehnung, Potentiale, und das regte ihn an.

In einer Sitzung einige Monate später lag Brett auf dem Rücken und spürte den Atem in der Magengegend. Als er sich nun langsam tiefer in den Körper hineingab, wurde der Unterleib beim Einatmen immer weicher und runder. Die Brust entspannte sich und gab die aufgeblähte Abwehr auf. Er atmete tiefer als je zuvor in unseren Sitzungen und gab sich dem Boden hin. Es sah aus, als ob ein schweres Gewicht von Brett genommen würde, er wurde ruhig und aufmerksam zugleich. Plötzlich stieg tief aus seinem Inneren ein Lachen auf. Der ganze Körper wurde durchgeschüttelt, und Tränen rannen über seine Backen. Bald erfüllte der Ton seines Lachens mich und den Raum. Brett spürte sein Innerstes, und das gab ihm tiefe Befriedigung.

Dann verstummte sein Lachen, und er wurde wieder still. Die Brauen zogen sich plötzlich zu einem grimmigen Knoten zusammen, der Atem wurde flach und kurz, und die Augen blitzten hektisch im ganzen Raum herum. Er sagte, dieses hemmungslose Lachen mache ihm Angst, er sorge sich. Es fiel ihm ein, daß ihn der Vater als Junge getadelt hatte, wenn er so hemmungslos gelacht hatte. Er erzählte auch, daß sein Vater ein steifer, disziplinierter und erfolgreicher Mann war, den er nie lachen sah.

Als ich ihn fragte, wie sich denn dieses Besorgtsein anfühle, begann er, seine Gedanken zu erklären, was ihn von der Erfahrung ablenkte. Er flüchtete vor seinem Unbehagen, doch es gelang ihm nicht, es hinter sich zu lassen. Er war ihm ausgeliefert wie ein kleines Hündchen an der Leine und konnte es mit keiner seiner schnellen Erklärungen abschütteln. In der Körperarbeit achten wir darauf, wie sich Besorgnis anfühlt, nicht, was sie denkt. Ich sagte ihm, daß wir später mit seinen Gedankenassoziationen arbeiten würden, er aber vorerst herausfinden solle, wo und wie er Besorgnis und Angst fühle. Dies würde den Boden schaffen, der ihm auch später helfen würde, neue Dimensionen in sich zu erforschen.

Er war damit einverstanden und begann nun zu erleben und zu erzählen, wie er Augen und Stirn verkrampfte (und vermutlich auch sein Hirn), den Atem anhielt und das Zwerchfell spannte. In dem Maß, wie sich seine Aufmerksamkeit mit diesen Körperteilen verband, veränderten sich seine Erfahrungen. Seine Angst wurde zu Wut und Ressentiments, deren Erregungskraft er in Schultern und Armen spürte. Während er früher diese Gefühle unterdrückt hatte, erlaubte sich Brett nun, sie auszudrücken. Mit Stimme, Händen, Armen und Füßen kämpfte er für sein gutes Recht zu lachen, zufrieden zu sein und die vom Vater übernommenen Kontrollmechanismen loszulassen. Er donnerte mit seinen kräftigen Armen auf die Matte herunter und brüllte. Die Wut ging in Weinen über, das wieder zum Lachen und schließlich zur Freude wurde.

Das war der Wendepunkt in der Arbeit mit Brett. Während dieser Körpererfahrung merkte er, daß er die gewohnten Muster durch den Körper loslassen konnte. Das nahm ihm etwas von der Angst vor seinen Gefühlen. Er erlebte, wie seine Erregungskraft und Stimmung sich verändern und von einer Ausdrucksform in eine andere überfließen konnten. Es erleichterte ihn sehr zu merken, daß er nicht unbedingt in einer Emotion gefangen bleiben mußte.

Als wir dieses Festhalten körperlich nochmals nachvollzogen, erkannte Brett, wann und wie er sich in sich zurückzog. Das erleichterte es ihm, das Loslassen zu üben. Er merkte auch, wie er aus sich selbst Informationen gewinnen und ihnen entsprechend handeln konnte. Indem er Muskeln, Gewicht, Gleichgewicht und Bewegungen bewußt erlebte, spürte er, wie er sein Leben «flach» machte. Er entdeckte, daß er ein uraltes, tiefes Bedürfnis stillte, wenn er tief in sich hineinfühlte. Später erkannte er dann auch verstandesmäßig, daß er die Vorstellungen seines Vaters nicht unbedingt zu übernehmen brauchte, doch zunächst erkannte er den Unterschied zwischen ablenkendem Denken, Analysieren, Erinnern und dem Körperwerden. Durch dieses Auseinanderhalten von Fühlen und Denken kam Brett zu einem Verantwortungsgefühl, das sein Leben bereicherte. Er konnte nun zulassen, von seiner Erregungskraft berührt und bewegt zu werden, anstatt nach einem vorgegebenen Reaktionsmuster, aus alten Erinnerungen heraus zu handeln. Durch den Kontakt mit seinem Körper lernte Brett auf einer tieferen Ebene, sein eigenes Wesen zu verstehen.

In den darauffolgenden Monaten lernte Brett, seine Erregungskraft zu ertragen, wie immer sie sich in Gefühlen, Handlungen und Befriedigung manifestierte. Das Wort «ertragen» meint hier, damit leben und umgehen, nicht, sich resigniert damit abfinden. Das heißt also, daß er jedesmal, wenn er seine Gefühle oder Reaktionen aufgrund von alten Überzeugungen beschnitt, die Aufmerksamkeit zu den Gefühlen zurücklenkte, um seine Gefühlsfähigkeit zu stärken. So konnte er die alten Muster erkennen und zugleich die neue Erregungskraft unterstützen.

Als die Beine und das Erden in den Brennpunkt unserer Arbeit rückten, legte ich z. B. meine Hände auf seine Schenkel, Waden und Füße und forderte ihn auf, sich auf diese Bereiche zu konzentrieren. Manchmal berührte ich ihn sanft, dann wieder drang ich tief in sein Gewebe ein. Sobald er in den Kopf flüchtete, holte ich ihn in die Beine zurück, indem ich seine Aufmerksamkeit auf das Spüren der Berührung lenkte. Andere Male bewegte ich seine Beine und

Gelenke, während er sich auf die Bewegung konzentrierte. Immer war es wichtig, daß seine Aufmerksamkeit im entsprechenden Teil der Beine war. Wenn irgendwelche Gefühlsinhalte oder Erinnerungen auftauchten, arbeiteten wir damit, doch grundsätzlich erlebte er tiefer und tiefer seine Beine. Um in unserem Körper zu leben, müssen wir mit unserer eigenen Gefühlsdimension Kontakt aufnehmen. Das war die Grundlage für die Arbeit mit Brett.

In der nächsten Phase arbeitete Brett am Stehen. Das half ihm, die Beweglichkeit und die Stützfunktion seiner Beine zu entdecken und den Boden besser zu spüren. Er brachte die Aufmerksamkeit in die Beine und spürte, wie sich das Gewicht durch Hüften, Knie, Fußgelenke und Füße in den Boden überträgt. In diesen Sitzungen ging er herum und sprang hoch, damit er die Beine als Stütze und als Möglichkeit, seine Erregungskraft zu mobilisieren, erfahren konnte. Je mehr er die Beine körperlich erfuhr, um so stärker und flexibler wurden sie in seiner Wahrnehmung. Er entdeckte, daß man den Boden unter den Füßen behalten kann, ohne steif zu werden. Und er entdeckte auch, wie man beweglich und dennoch geerdet und gestützt sein kann.

Als nun das Erden in den Vordergrund trat, lernte Brett auch, mit Füßen und Beinen zu treten und zu stoßen. Als er die Erregungskraft zu Bewegung werden ließ, wurden Hüfte, Beine und Füße belebt: er stampfte, trat, stieß, pedalte, scherte. Dazu tauchten verschiedene Gefühlsregungen auf, denen er durch Laute der Wut, Freude, Mühsal, Abwehr, des Aufbrausens und Gelächters Ausdruck gab. Das erinnerte an ein Kleinkind, das tritt, stößt, drischt, strampelt und mit den Beinen schert, um seine Empfindungen wie Hunger, Überschwang, Müdigkeit und reine Lebensfreude auszudrücken, ähnlich einer Kaulquappe, die der Evolution entgegenpaddelt und -schwimmt. So erfuhr Brett, wie er seine Erregungskraft gestalten, ausdrücken und umformen konnte.

Die meiste Zeit seines Lebens hatte sich Brett auf seinen massiven Brustkorb und die kräftigen Arme verlassen. Doch die Aufrechterhaltung dieser Abwehrhaltung mit dem hohen Schwerpunkt war mit ständiger Mühe verbunden. Es brauchte nur wenig Druck, und schon gab sie nach, und Brett fiel in eine Depression, explodierte in heftigen Launen oder griff, wie am Schluß, zur

Droge. Wie er nun langsam begann, seine Beine und den Atem als Erdungskraft zu benützen, löste sich sein überspannter Oberkörper, und er fand plötzlich Interesse und Freude an ganz unerwarteten Dingen. Je mehr er seine Macho-Haltung, sein «Ich schaff's allein» gehenlassen konnte, um so mehr tauchten seine Sensibilität und seine Fähigkeit, sich jemandem zuzuwenden, auf. Er begann zu schnitzen und zu bildhauern und kam dadurch in Künstlerkreise, die sich in Ateliers und nicht in Bars trafen. Mit der neugewonnenen Energie begann er nun, die Häuser, die er baute, zu gestalten. Je mehr er in seinem Körper lebte, um so mehr begann er, sich anzunehmen, sich zu vertrauen und sein Kontaktbedürfnis auf Leute und kreative Interessen zu richten.

Brett lebte zunehmend aus seiner Körpererfahrung heraus, und sein Lebensausdruck, sein Leben überhaupt wurde viel erfüllter. Seine Migräne war wie weggeblasen, seit fast zwei Jahren brauchte er kein Kokain, und er wurde in seinen Beziehungen immer intimer. Brett war nun genügend in seinem Körper verankert, um ihn als Instrument zu benützen, das ihm Aufschluß über seine Wesensstruktur und über seine Gefühle geben konnte.

Da Brett nun sein Ziel eines gesünderen, produktiveren Lebens erreicht hatte, standen wir an einer Grenze in unserer Arbeit. Er freute sich über das Erreichte, doch er wollte an sich weiterarbeiten und sich mit anderen zusammentun, die ähnliche Interessen hatten. Er sagte es so: «Ich möchte weiterwachsen und an mir arbeiten. Mich dünkt, ich sei endlich an einem Ort angelangt, von dem aus ich vorwärtsgehen kann. Ich möchte dies alles irgendwie in mein Leben einbringen können. Mir scheint, daß alle meine Einsichten und Erkenntnisse immer wieder auf dasselbe hindeuten. Ich muß dies in die Tat umsetzen.» Irgendwie fühlte sich Brett noch festsitzen, trotz all seiner Entdeckungen und Erkenntnisse. Er konnte zwar vieles erkennen, doch es gelang ihm gar nicht immer, es in Handlungen oder Verhalten umzusetzen. Das eröffnete eine neue Phase in der Arbeit. An diesem Punkt, nachdem wir zwei Jahre zusammen gearbeitet hatten, riet ich Brett, eine Körperdisziplin zu beginnen. Er wählte eine Sitzmeditation, um mit Körper und Aufmerksamkeit zu arbeiten. Es war ihm allerdings klar, daß er irgendeine Körperbetätigung zusammen mit andern Menschen aufnehmen mußte, wenn er seine Reise fortsetzen wollte.

Nach einigem Hin und Her und Versuchen mit T'ai Chi, Yoga und Laufen kam Brett ins Aikido-Dojo. Die Art des Kontakts mit Aikido sagte ihm zu, er hatte Spaß an den Leuten im Dojo und freute sich an neuerworbenen Fertigkeiten wie Rollen und Fallen sowie an der Arbeit mit seiner Aggression. Doch nun trat die Einsicht in den Vordergrund, daß sein Wissen und seine Erkenntnisse ihm wenig nützten, wenn er auf der Matte war. Er merkte bald, daß es unwesentlich war, was er wußte oder sagen konnte, wenn ihn jemand anstieß, nach ihm griff, trat oder auf ihn zukam. Wichtig war einzig, ob er sein Wissen auch körperlich leben konnte. Er mußte nun aus dem Wissen heraus handeln, das ihm sein Körper übermittelte. Wenn ihn jemand anstieß, reichte es nicht mehr zu wissen, daß er zentriert sein sollte. Er stand nun in der Arena und mußte zentriert sein. Das Aikido bot Brett ein hervorragendes Übungsfeld, um mit der Umsetzung seiner Wahrnehmungen und Gefühle in Handlungen zu experimentieren.

Brett ließ sich mehr und mehr auf das Aikido ein. Wir trafen uns eine Weile nur noch jede zweite Woche und später einmal im Monat, bevor wir unser Klient-Therapeut-Verhältnis beendeten. Doch in dieser Zeit geschahen wichtige Veränderungen, und sein Körpersinn vertiefte sich. Vor allem lernte er, seine Konzentrationsfähigkeit zu erweitern. Er nahm nun mit dem ganzen Körper wahr und lernte, sich aus dem Zentrum heraus zu bewegen und zu handeln. Etwa nach drei Monaten Aikido gelang ihm auch echte Entspannung. Er konnte nicht nur tief loslassen, wenn er sich hinlegte und atmete, sondern auch, wenn er saß, sprach und auf der Straße ging. Das rührte von seiner erweiterten Zentrierungsfähigkeit her und davon, daß er den ganzen Körper als Wahrnehmungsorgan benutzte.

Nach eineinhalb Jahren hatten sich Bretts Körper und seine ganze Person verändert. Er war weicher und runder, und man spürte ganz allgemein, daß er dem Boden näher war. Er strahlte Sensibilität und Kraft aus. Da er nun mehr im Fluß und mit sich und anderen stärker in Berührung war, konnte er aus einer unvergleichlich viel tieferen und reicheren Kraftquelle schöpfen als vorher mit seiner alten, draufgängerischen, muskelbedingten Art.

Er erzählte, er sei immer noch Bauunternehmer, doch sein Hauptinteresse gelte der freiwilligen Arbeit, die er in einem Nachbetreuungsheim für davongelaufene Kinder mache. Er entdeckte seine Begabung im Umgang mit Kindern und brachte ihnen Aikido bei. Er sagte, er könne ihre Bedürfnisse und Stimmungen auf eine fast unheimliche Art erfassen. «Ich kann ihr Ki fühlen und weiß instinktiv, wie sie auf gewisse Situationen und Ereignisse reagieren werden», sagte er. Diese Hellfühligkeit, die auf körperlicher Intuition beruht, half ihm auf seinem Weg, sich tiefer auf sich und andere Menschen einzulassen. Vor allem hatte sein Leben nun einen neuen, frischen Sinn, der in der Erfahrung seines Körpers und seiner eigenen Energie verankert war. Das Leben im Körper wurde für Brett ein Weg, der weiterführte.

Sobald wir fähig sind, aus unserem Körpererleben heraus zu handeln, können wir beginnen, dessen Weisheit und Potential zu benützen. Das nächste Kapitel wird uns mit verschiedenen Körperdisziplinen und Energiezuständen vertraut machen, die uns durch Zeiten der Verwirrung und Wandlung geleiten können.

Die Anatomie der Wandlung

«Das ist das Wichtigste: Wir müssen jeden Moment bereit sein aufzugeben, was wir sind, um zu werden, was wir sein können.»
Charles Dubois

1975 machte ich in einer Zeit von acht Monaten vier tiefgreifende Umwandlungen durch. Ich brach mir den Arm an zwei Stellen und trug über zwei Monate einen Gips von der Schulter bis zum Handgelenk; ich ging für einen ganzen Sommer nach Japan und lernte Aikido; im Beruf fand eine wichtige Neuorientierung statt, und eine achtjährige Beziehung ging zu Ende. Da diese Veränderungen mein physisches, emotionales, soziales, berufliches und kulturelles Leben betrafen, war eine Neugestaltung auf allen Ebenen notwendig. Es war eine verwirrende, schmerzhafte und aufregende Zeit. Mich dünkte, ich müsse plötzlich ein Spiel mitmachen, dessen Regeln ich nicht kannte und von dem ich auch kein Programm besaß, in dem ich hätte nachsehen können, wer spielte. Doch auf Arten, die mir damals nicht bewußt waren, wurde ich überhäuft mit Material und Einsichten über den Prozeß der Wandlung und dessen Beziehung zum Lernen.

Sobald ich den Gips abnehmen konnte, begann ich zu jonglieren und Flöte zu spielen, damit der verletzte Arm wieder beweglich wurde. Da ich bis dahin weder jongliert noch ein Instrument gespielt hatte, war das Neuland für mich. Ich verwendete meinen Arm und mich auf ganz neue Arten und lernte dadurch nicht nur neue Fertigkeiten, sondern begann mich auch für das Lernen an sich zu interessieren. Mich begeisterte nicht nur der Inhalt meines Lernens, sondern auch *wie* ich lernte.

Später verwoben sich mein Eintritt in eine neue Kultur, der Umbruch in der Beziehung und die Verwirrung wegen der tiefgreifenden Veränderung in meinem Beruf mit der Genesung meines gebrochenen Arms. Diese wurde zur Grundlage für mein Lernen und Wachsen. Ich erkannte in dieser wirren Zeit der Zersplitterung, daß die Schritte, die ich machte, um den gebrochenen Arm wieder benutzen zu können, denjenigen entsprachen, die ich in meiner emotionalen, kulturellen und psychischen Wandlung durchmachte. Ich erfuhr, daß unser Körperleben mit unserem psychischen, emotionalen und sozialen Leben zusammenhängt. Das Lernen durch den Körper und dessen Verbindungen zu anderen Lebensbereichen weckte mein brennendes Interesse.

In dieser Zeit wurde mir klar, daß genauso wie Wandlung eine Voraussetzung für Lernen ist, Lernen auch Wandlung beinhaltet. Lernen ist ein Wandlungsprozeß. Damit wir lernen können, müssen wir zu einem gewissen Grad das loslassen können, was wir zu sein und zu wissen glauben. Wir lernen beim Übergang von dem, was wir sind, zu dem, was wir werden können, und erhalten dabei die Möglichkeit, auch zu sehen, *wie* wir lernen.

Daß Wandlung natürlich ist, sogar kreativ sein kann, widerspricht den Vorstellungen, die in unserer Kultur vorherrschen. Eine Veränderung kann noch so augenfällig und tiefgreifend sein, wie man damit umgeht und durchkommt, das lehren unsere Kultur und unser Erziehungssystem kaum. Wegen der Verwirrung, die oft mit Wandlung einhergeht, wird uns eingeschärft und von uns erwartet, daß wir Wandlung als etwas Schreckliches ansehen. Abgesehen vom braven, tapferen Soldaten mit der verkniffenen Oberlippe oder dem edlen Märtyrer, der zum armen Opfer wird, oder dem, der die Augen zumacht und abwartet, bis die Veränderung vorbei ist, kennen wir kaum sozial anerkannte Möglichkeiten, mit Veränderungen umzugehen. Deshalb haben in den Industrieländern so viele Krankheiten, die mit Streß und Angst zu tun haben, epidemisches Ausmaß. Veränderung und die damit verbundene Trauer kann man aber auch annehmen und als Gelegenheit wahrnehmen, etwas loszulassen, was für die weitere Reise nicht mehr von Nutzen ist.

Da unsere Erziehungssysteme Wert auf das Vermitteln von

Konzepten legen, erhalten wir eine eher statische Vorstellung der Realität und lernen nicht, wie man Veränderungen durchleben kann. Es ist ein Grundübel unseres Erziehungssystems, daß wir nicht wirklich auf den Umgang mit dem lebendigen Prozeß des Lebens vorbereitet werden. Wir erlernen die Sprache und die Konzepte der Gesellschaft, damit wir uns darin zurechtfinden, doch nur selten zeigt uns jemand die Sprache der Bewegung und des Lebens oder den Weg durch das Unbekannte. Zugleich haben sich Traditionen und Institutionen in den letzten 50 Jahren so drastisch verändert, daß sie uns kaum mehr stützen können in Zeiten der Wandlung. Diese Lücke können wir füllen, indem wir uns auf den lebendigen Körper besinnen, der uns durch die mannigfaltigen Wandlungen, den Tumult des Lebens oder auch nur eines einzigen Tages führt. Wenn wir unserem Körper- und Energieleben Beachtung schenken, lernen wir allmählich, unseren eigenen Prozeß sowie die Prinzipien der Wandlung überhaupt zu verstehen.

Das heißt, daß wir durchaus lernen können, uns von den verschiedenen Körper- und Energieformen, Rhythmen, Bewegungen, Empfindungen durch die Wandlungen hindurch geleiten zu lassen. Solche Körperbotschaften können zu lebendiger Sprache werden und uns führen, wenn unsere Welt zu zerfallen droht. Diese Sprache sagt uns, wann es Zeit ist, unsere Gefühle auszudrücken und wann wir sie still nach innen nehmen sollen; sie zeigt uns, wann wir uns abblocken und wann wir frei und ungehindert fließen; sie lehrt uns, daß die Muskeln genau wie wir eine kreative Spannung aufbauen müssen, um die richtigen Gesten ausführen zu können.

Die Arbeit durch den Körper kann unsere Kreativität in Zeiten der Wandlung, in Lernsituationen und Phasen der Angst und Unsicherheit unterstützen. Diese Möglichkeit, Schwierigkeiten körperlich anzugehen, nenne ich die Anatomie der Wandlung. Es geht um das Loslassen von Altem, damit Neues Gestalt annehmen kann. Das Folgende ist eine Metapher für die Anatomie der Wandlung.

Stellen Sie sich vor, Sie sitzen an einem Tisch und halten eine Tasse. Die Tasse steht für das Potential, die Energie oder Verantwortung, die Sie zur Zeit in Ihr Leben integrieren können. Nachdem Sie eine Weile mit der Tasse vor sich dagesessen sind, merken

Sie, daß ein Litermaß auf dem Tisch steht. Es bedeutet mehr Energie, Verantwortung und Liebe. Und Sie merken auch, daß das Maß für Sie in Reichweite steht. Da Sie die Möglichkeiten der Tasse ausgeschöpft haben, drängt es Sie, nach dem Maß zu greifen. Es geht nicht mehr an, bei der Tasse zu bleiben. Sie entscheiden sich dafür, die Hand auszustrecken und nach dem «Mehr» von sich zu greifen. Da Sie Tasse und Maß nicht gleichzeitig halten können, lassen Sie die Tasse los und wenden sich dem Maß zu. – Welche Panik! Plötzlich wird Ihnen bewußt, daß die bequeme Vertrautheit der Tasse weg ist und Sie noch nicht beim Maß angelangt sind. Da ist nichts. Keine Grenzen, keine vertraute Identität, nur leerer Raum, seltsames Neuland. Angst und Zweifel packen Sie.

An diesem Punkt zieht man sich meistens rasch wieder auf das Bekannte zurück, greift wieder nach der Tasse. Sie ist sicher, vertraut, und wir wissen mit ihr umzugehen. Oder aber wir verkrampfen uns und bleiben in unserer Angst stecken. Unser Erziehungssystem hat uns nicht gelehrt, auf offener See zu segeln, in Zeiten der Wandlung auf uns und unsere Energie zu vertrauen. Wir müssen den Weg von der Tasse zum Maß selber entdecken.

Die körperlichen Fertigkeiten, die es in solchen Wandlungszeiten braucht, lassen sich auf jede Veränderung oder beim Lernen jeder neuen Sache anwenden. Diese Fertigkeiten stehen uns beiseite, wenn Verwirrung und Neurose ausbrechen, und sie helfen uns, von unseren erworbenen Reaktionen auf Veränderung wegzukommen und aufzudecken, was wir eigentlich sind und wohin wir gehen. Der Weg durch die Wandlung ist ein organischer Prozeß der Heilung und Erziehung, der dazu führt, daß wir uns tiefer und verbindlicher auf unser eigenes Leben einlassen. Er befaßt sich mit dem Raum zwischen Tasse und Maß: mit dem Übergang vom Alten zu dem, was neu entsteht. In diesem Prozeß geht es um das Vertrauen in die Weisheit unserer Energie, vor allem in Zeiten des Drucks und der Konflikte.

Der Weg durch die Wandlung kennt fünf verschiedene Stufen: Zentrieren, Erden, Eingehen und Verschmelzen, sinnvolles Handeln (positiv: Ausbreitung, rezeptiv: Zulassen, Entspannung, Zeitgefühl) und Vereinigung. Diese Stufen sind wie Brückensegmente aufeinander aufgebaut und ergeben ein Ganzes. Man kann sie sich auch als Teile eines ausziehbaren Fernrohrs vorstellen, das erst brauchbar wird, wenn jeder Teil vollendet und auf den vorhergehenden aufgesetzt ist. So wirken die fünf Stufen zusammen in einem weiterführenden, lebendigen Prozeß. Das heißt auch, daß jede Stufe, die gefestigt und integriert ist, nicht unbedingt zurückgelassen wird. Sie dient als Stütze für die andern Segmente, damit das Ganze sich entfalten kann. Der Prozeß ist ähnlich wie der des Protoplasmas, das sich selbst eine begrenzte Struktur gibt, um beweglich zu werden und weiterzuwachsen.

Diese Stufen sind einfach und direkt erfahrbar, obwohl sie nur selten als Lerngrundlage vermittelt oder gebraucht werden. Ich habe sie zwar hier linear geordnet und jeweils mit einer bestimmten Einsicht verbunden, doch eigentlich nützlich werden sie einfach dann, wenn man sie braucht. Diese Stufen sind auch Seinszustände. Es ist unnatürlich und unrealistisch anzunehmen, man dürfe sich ihrer nur unter gewissen Umständen oder in einer gewissen Reihenfolge bedienen. Jede einzelne kann in irgendeiner Situation und zu irgendeinem Zeitpunkt wichtig sein.

Jeder Stufe ist auch ein gewisses Maß an Kraft eigen. Wenn man dieser Kraft erliegt, bleibt man unter Umständen auf dieser Stufe stehen. Das ist allerdings nicht vereinbar mit Wandlung; wenn wir an einer Stufe festhalten, einen Zustand überbetonen oder dessen Kraft als die unsere beanspruchen, hemmt das unser Wachstum, indem wir uns versteifen und eine Menge Energie aufwenden, um unsere Position zu verteidigen.

Vergessen Sie nicht, daß die körperlichen Ausdrucksformen und Übungen, die ich beschreibe, sich immer auch auf Seinszustände beziehen, die in allen Lebensbereichen auftreten können. Die körperliche Erfahrung des Zentrierens zum Beispiel kann durch Übung auch auf das intellektuelle, emotionale, soziale und spirituelle Leben übertragen werden. Damit sind wir wieder bei unserer anfänglichen Aussage angelangt, daß man durch Körperarbeit mit der Ganzheit seines Wesens in Kontakt treten kann. Jeder Zustand, der hier anhand einer Körperübung beschrieben wird, ist in allen Lebensbereichen wertvoll und hilfreich.

Zentrieren

Das Zentrum ist der Ausgangspunkt für unseren Weg durch die Wandlung. Man kann das nicht oft genug betonen, denn wenn es fehlt, ist kaum echte Bewegung möglich. Das Zentrum entspricht dem Okular des Fernrohrs: es bestimmt den Brennpunkt für das ganze Spektrum des Körperlernens. Wenn wir an irgendeiner Stelle in unserem Lernprozeß festsitzen, sollten wir zum Zentrum zurückkehren. Dadurch können wir uns für das, was vor sich geht, öffnen. Wir müssen nicht unbedingt einverstanden sein mit der Situation, doch wir müssen bereit sein, anzusehen, was wirklich vor sich geht, um den Weg durch unsere Angst hindurch zu finden. Es ist eine faszinierende Aufgabe, für das, «was ist», bereit zu sein. Durch das Zentrum kann diese Bereitschaft gedeihen.

In Zeiten der Krise und des Umbruchs sind wir oft vollgepfropft mit Vorstellungen darüber, was geschieht und was geschehen sollte. Wir reagieren dauernd. Wenn uns das Zentrum oder ein anderer Bezugspunkt, nach dem wir uns richten können, abhanden gekommen ist, werden wir weggeschwemmt und mit uns jegliche Möglichkeit der Öffnung und Bereitschaft. Sobald wir bereit sind, unsere Situation unverblümt zu erleben, ohne in unsere erworbene Tendenz zu verfallen, können wir aus einer Erfahrung lernen und daran wachsen. Aus einer zentrierten Haltung heraus müssen wir uns fragen: «Bin ich bereit und offen für die aktuelle Situation?»

Zentriertsein bedeutet grundsätzlich Körperpräsenz. Auf ihr bauen die anderen Körperzustände auf. Sie ist gewissermaßen das körperliche und energetische Basislager. Wenn wir hilflos im Meer unserer Projektionen und Erinnerungen hin- und hergespült werden, dann ist das Zentrum ein Ankerplatz. Anstatt in unsere Phantasien abzudriften oder von Gedanken verschlungen zu werden, können wir uns auf Pulsschlag, Temperatur, Bewegung und Schwere unseres Körpers konzentrieren. Es ist sozusagen unser Heim der Zukunft, in dem wir allmählich unseren Gefühlen und Empfindungen vertrauen lernen.

Vom somatischen Ansatz her gesehen, besteht dieses künftige Heim in der physischen Dimension des Körpers selbst. Wenn wir aus dem Zentrum heraus handeln, ist der ganze lebendige Körper Zentrum. Es besteht aus den physischen Dimensionen, die allen Lebewesen gemein sind: Länge, Breite und Tiefe. Als lebendige Wesen haben wir ein Oben und ein Unten, ein Links und ein Rechts, ein Vorne und ein Hinten. Aus dieser Sicht bedeutet zentrieren, den Körper ganzheitlich zu erleben, uns selbst als Schwere, Zeit und Raum zu erfahren.

Verschiedene östliche Disziplinen sprechen von spezifischen Körperzentren. Im Zen-Buddhismus und in den japanischen Kampfkünsten z. B. geht es ums *Hara,* das zweifingerbreit unter dem Nabel liegt und als Mitte unserer Schwerkraft und als Quelle von *Ki* (der Lebensenergie) betrachtet wird. Den Sufis ist das Herzzentrum wichtig, wo sich Mitgefühl und Hingabe entfalten können. In indischen Texten finden wir das Dritte Auge beschrieben, das sich ein wenig oberhalb der Nasenwurzel zwischen den physischen Augen befindet und als Zentrum der spirituellen Transzendenz gilt. Diese Zentren stehen mit bestimmten Energiequalitäten in Verbindung und sind auf dem Weg unserer Selbstentfaltung kraftvolle Bezugspunkte. Auch wenn vom somatischen Standpunkt aus der lebendige Körper als Ganzes Zentrum ist, kann uns das Hara doch manchmal helfen, das Gefühl für die Mitte zu entwickeln.

Das Konzept des Zentrums ist nicht neu, doch wenige verstehen es als Erfahrung. Die Vorstellung von der Mitte und die Körpererfahrung davon sind zweierlei. Die meisten von uns haben ein intellektuelles Verständnis von Zentriertsein und versuchen, irgendwie danach zu handeln. Das Zentrum als Idee führt oft zu Distanziertheit, Losgelöstheit und Steife und äußert sich als Narzißmus. Die Idee schlägt sich in einer bestimmten Muskelhaltung nieder, und wir haben eine Person vor uns, die Zentrum denkt und es nicht erfährt. Denn das Zentrum ist mehr als eine Idee. Es ist eine körpergewordene Idee, die man fühlen kann und die uns als Brennpunkt für unser Lernen und als Wegweiser durch Veränderungen hindurch dienen kann. Man kann es durch Übung stärken.

Hier ist eine einfache Übung, mit der man das Zentrum zu etwas Lebendigem werden lassen kann (Abb. 1). Stellen Sie sich bequem hin, die Füße schulterbreit auseinander, den einen Fuß vorgestellt.

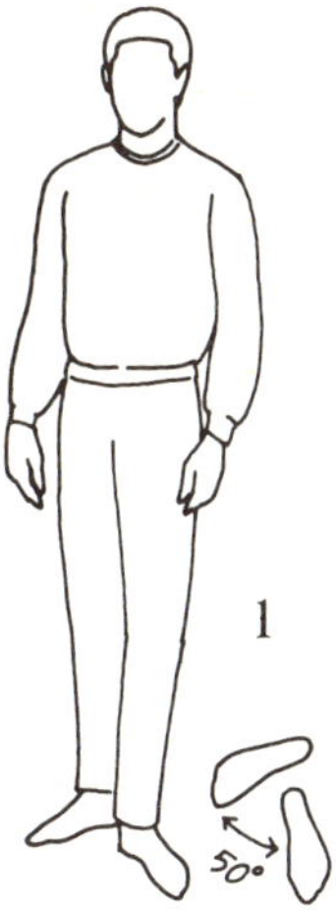

1

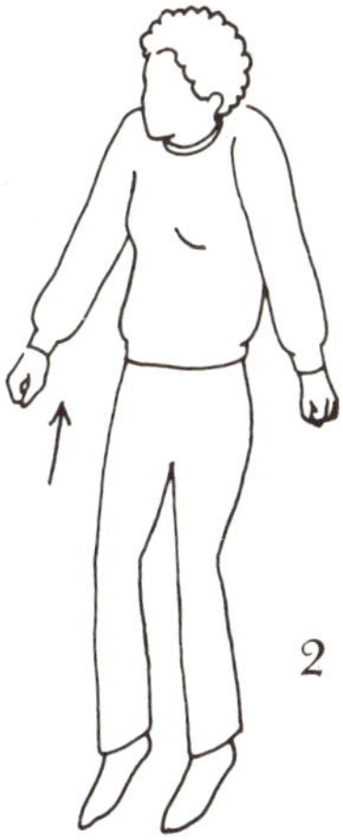

2

Der hintere Fuß sollte etwa in einem 50°-Winkel zum vorderen stehen (Abb. 1), das Gesicht schaut in die Richtung des vorderen Fußes. Die Knie sind leicht gebeugt, und die Arme hängen entspannt an der Seite. Loten Sie nun mit Ihrer Aufmerksamkeit das Körperempfinden aus: den Bodenkontakt der Füße, die Beine, die das Gewicht des Körpers tragen, den geraden, lockeren Rücken; halten Sie Brust und Magen entspannt und weich, den Blick offen und annehmend und verteilen Sie Ihr Gewicht gleichmäßig auf beide Beine. Stehen Sie ganz da, ausgeglichen zwischen vorne und hinten, links und rechts, oben und unten. Wenn Sie diesen Prozeß zulassen und körperlich erleben, werden Sie sich als lebendiges Zentrum fühlen.

Stellen Sie sich nun so hoch wie möglich auf die Zehenspitzen und ziehen Sie die Schultern zu den Ohren hoch (Abb. 2). Gehen Sie nun so, mit aufgeblähter Brust, den Bauch eingezogen, im Raum herum. Dies ist eine ausgesprochen unzentrierte Haltung. Diese Körper- und Geisteshaltung sagt aus, daß man hoch oben, aus dem Gleichgewicht, in Gedanken verloren und verkrampft ist. Machen Sie nun einen Schritt zurück und lassen Sie sich langsam wieder ins Zentrum hinunterkommen, so daß die Füße wieder fest auf der Erde stehen, die Beine Ihr Körpergewicht wieder aufnehmen, der Bauch locker wird und die Brust weich, die Schultern entspannt herunterhängen und der Rücken gerade ist. Verbinden Sie sich mit der Empfindung von umfassender Wachheit und Lebendigkeit. Wie fühlt sich das Zentriertsein an? Was erlebt man dabei? Was geht in Ihnen vor, wenn Sie aus dem Zustand der Unzentriertheit in die Mitte zurückkehren und sich dort niederlassen? Diese einfache Übung können Sie beliebig oft wiederholen, bis Sie sich wohlzufühlen beginnen, wenn Sie zum körperlich empfundenen Gefühl der Mitte übergehen.

Man darf nicht vergessen, daß Zentriertheit ein Zustand ist, der sich nicht auf eine besondere Haltung oder ein dauernd vor Augen gehaltenes Bild beschränken läßt. Da wir durch den Körper arbeiten, ist Zentrierung immer möglich, ungeachtet von Haltungen, körperlichen Behinderungen oder der Umgebung. Letztlich ist Zentriertsein ein innerer, subjektiver Zustand, der durch den Körper seinen Ausdruck findet. Wir können uns also aus jeder beliebigen Stellung oder Handlung heraus mit dem Zentrum verbinden. Wir können uns aus unserem Zentrum heraus hinlegen, dasitzen, ein schlafendes Kind tragen, Geschirr spülen oder Auto fahren. Zentriertsein ist eine Haltung uns selbst gegenüber, die durch die Beschränkungen unseres gelebten Körpers zustandekommt und durch die wir uns in unserem Körper und in der Situation präsent fühlen.

Es ist nicht so, daß wir unser Zentrum finden und dann um jeden Preis festhalten müssen. Das Zentrum ist eher ein Bezugspunkt, auf den man immer zurückgreifen kann, um ganzheitlich auf Lebenssituationen zu reagieren. Als Morihei Uyeshiba, der Begründer des Aikido, gefragt wurde, ob er je sein Gleichgewicht verliere, sagte er: «Ja, die ganze Zeit, doch ich kehre so rasch zurück, daß es niemand merkt.» Das Zentriertsein ist wie ein Tor, durch das wir zu unseren tieferen Bedürfnissen vorstoßen, zu unseren Möglichkeiten in der Welt, den Ausdrucksmöglichkeiten unserer Erregungskraft und auch zu unserem Bedürfnis, auf ruhige

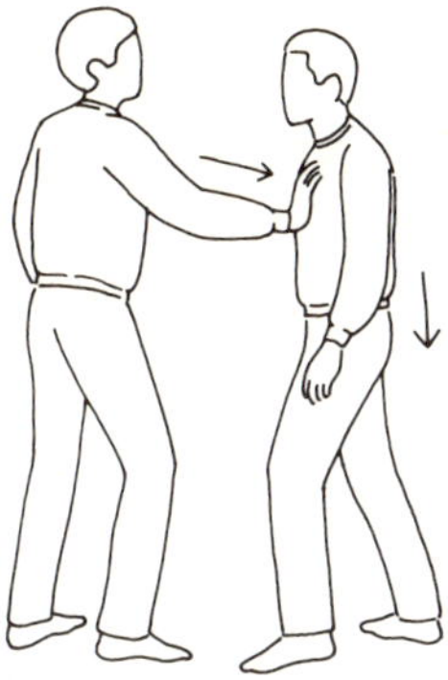

3

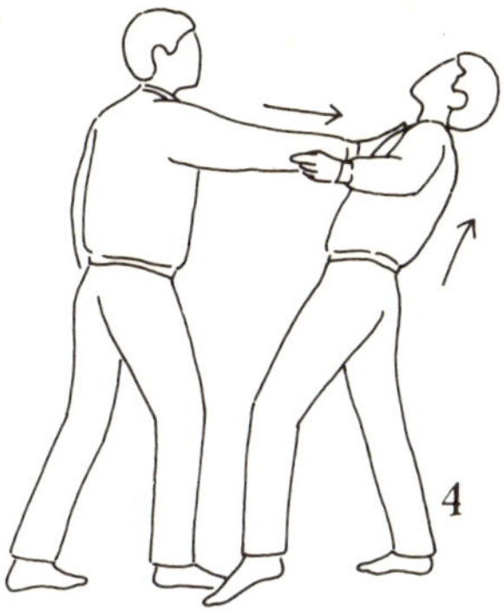

4

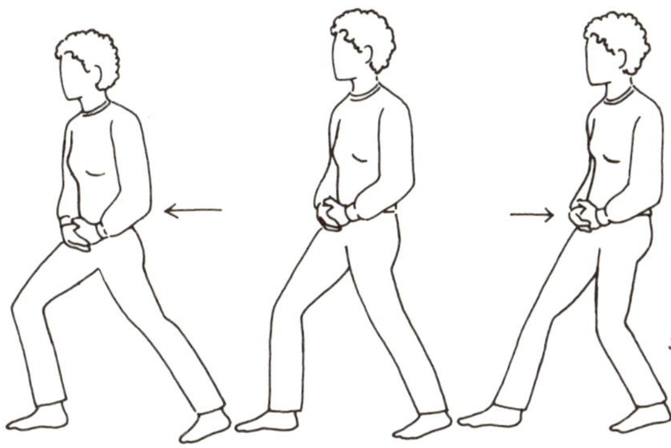

5

und erfüllende Art genährt zu werden. Da es nicht Selbstzweck ist, braucht man nicht ständig an seiner Perfektionierung zu arbeiten.

Zentrieren Sie sich nun erneut mit der beschriebenen Übung und bitten Sie einen Partner, kräftig und anhaltend gegen Ihre Brust zu drücken (Abb. 3). Dieser Druck ist dem Griff sehr ähnlich, der im dritten Kapitel beschrieben wurde. Wenn Sie nun über das Zentrum nachdenken (oder etwas Ähnliches) oder wenn Sie lediglich eine Kopfvorstellung vom Zentrum und nicht die Körpererfahrung davon haben, werden Sie nach hinten kippen wie eine umgekehrte Pyramide, als ob das Gewicht der Gedanken den Kopf gegenüber dem übrigen Körper viel zu schwer werden ließe (Abb. 4). Wenn Sie sich körperlich als zentriert erfahren, werden Sie hingegen weder umgestoßen werden noch sich vornüberlehnen, um den Stoß zu bekämpfen (Abb. 3). Sie fühlen sich verankert und gleichzeitig sehr weich und flexibel. Wenn Sie so zentriert sind, erfahren Sie Ihre Präsenz, Ihr «Hiersein».

Wenn Sie sich jedoch in den Stoß verwickeln oder sich auf den anderen einstellen, verlegen Sie Ihr Zentrum nach außen. Der Stoßende wird zu Ihrem Zentrum, und Sie werden versuchen, ihn oder die Situation zu manipulieren, um wieder zu Kraft zu kommen. Nur erreichen Sie dadurch weder echte Kraft noch echte Zentriertheit. Es ist eine Sache, allein zentriert zu sein; in der Beziehung zentriert zu bleiben, ist nochmals eine ganz andere Herausforderung. Wenn Sie Ihr eigenes Zentrum wirklich zu erfahren beginnen, können Sie einen Stoß auch als Geschenk erleben, das Ihnen hilft zu wachsen und stärker zu werden. Zentriertsein ist die Alternative zum Zurückstoßen oder Umgestoßenwerden.

Brauchen Sie die nächste Übung, um Ihre Fähigkeit, sich aus dem Zentrum heraus zu bewegen, zu stärken. Zentrieren Sie sich, und legen Sie dann beide Hände übereinander auf Ihr Hara (Abb. 5). Spüren Sie Wärme, Schwere und Substanz in diesem Bereich oder stellen Sie es sich vor. Schieben Sie nun das Zentrum vorwärts, ohne Ihre Füße zu bewegen. Bleiben Sie locker, strecken Sie das hintere Bein, und erlauben Sie dem vorderen, sich leicht zu beugen und das Körpergewicht aufzunehmen. Wenn Sie Ihr Zentrum so weit vorgeschoben haben, wie es Ihnen angenehm ist, dann gleiten Sie wieder zurück. Lassen Sie nun das hintere Bein sich beugen und das Gewicht aufnehmen. Wiederholen Sie das einige Male, bis Sie das Gefühl haben, das Zentrum Ihrer Bewegung sei im Unterleib.

Wenn Sie das Zentrum so weit wie möglich vorgeschoben haben, machen Sie einen Schritt nach vorne. Bei diesem Gehen aus dem Zentrum heraus soll Ihre Aufmerksamkeit im unteren Bauch, gleich unter dem Nabel, bleiben. Und wenn Sie nun mit dem hinteren Fuß einen Schritt vorgehen, spüren Sie weiterhin, daß die Bewegung aus der Mitte kommt. Sobald Ihnen die Bewegung geläufig geworden ist, können Sie Ihre Arme natürlich mitschwingen lassen. Richten Sie die Aufmerksamkeit auf die Bewegung, die dem Hara entspringt.

Wie gesagt ist Zentriertsein ein Zustand oder eine Einstellung, zugleich aber auch eine bestimmte Körperhaltung oder eine Handlungsweise. In diesem Zustand treten wir in Kontakt zu unserem Körperselbst. Um in den Zustand der Zentriertheit zu gelangen, lassen Sie zuallererst Ihre Aufmerksamkeit durch den Körper wandern, bis Sie ein umfassendes Gleichgewicht fühlen. Richten Sie die Struktur Ihres Körpers aus, bis Sie dieses innere Gleichgewicht finden. Erst wenn Sie ausgeglichen dastehen, können Sie sich spüren, und die Funktion des Spürens ist direkt mit dem Zentrum verbunden. Wenn Sie sich spüren können – Ihre Empfindungen, Temperaturen, Ihr Gewicht, Ihren Rhythmus der Erregungskraft und auch Ihre Schmerzen –, dann ist der Zustand des Zentriertseins sicher nahe oder sogar da. Wenn Sie noch an Vergangenem hängen, Ihre Zukunft planen oder sich fragen, ob Sie das Rechte tun, dann leben Sie nicht aus dem Zentrum heraus.

Haben wir uns erst einmal verbunden mit der empfundenen, greifbaren Zentrumserfahrung, dann dient sie uns als Tor ins Reich der Intuition, der Wahrnehmung und des Ausdrucks. Zentriertsein ist eine eigentlich physische Erfahrung, aber es hilft uns auch in unserem Alltag. Wir können in einer physischen Auseinandersetzung zentriert sein, in der Planung und Ausführung von wichtigen Geschäftsvorhaben, in zwischenmenschlichen Konflikten oder wenn wir eine spirituelle Disziplin üben. Zentrieren ist nicht Selbstzweck, sondern schafft eine Verbindung zu uns selbst, die unseren Dialog mit andern, unsere Arbeit und die Art unserer Selbsterkenntnis beeinflußt.

Gefahren

Zentriertsein verleiht auch Kraft. Wie mit jeder Art von Kraft gibt es auch hier einige Gefahren, die möglichst zu vermeiden sind. Wenn sich das Zentrum zu entfalten beginnt, kommt es bei manchen Leuten vor, daß sie sich an diesen Zustand klammern. Sie lassen das Mittel zum Selbstzweck werden. Wenn wir ständig mit Zentrieren beschäftigt sind, entwickeln wir eine Haltung, die etwa dies ausdrückt: «Ich bin eine zentrierte Person, deshalb werden mich diese Veränderungen nicht berühren.» Menschen mit einem stark entwickelten Zentrum können den Anschein geben, daß sie von äußeren Kräften nicht berührt werden. Doch es kann damit auch ein Verlust an Offenheit und Flexibilität einhergehen.

Ein zu stark betontes Zentrum schafft eine verhärtete, eindimensionale Energiequalität. Ich erfahre das häufig in den Kampfkünsten und in meditativen Gemeinschaften, wo viel Wert auf Hara, Stillesein oder *tan tien* (chinesisch für «Zentrum») gelegt wird. Das läßt die Leute zwar stark, aber distanziert werden. Man gewinnt dann den Eindruck, es gebe nur das Zentrum, das außer zu sich selbst zu nichts in Beziehung steht. Ein solcher Bezug zum eigenen Zentrum verstärkt die narzißtischen Züge. Ein solcher Zustand drückt aus: «Ich bin das Zentrum von mir und der Welt. Alles dreht sich um mich.» Und dabei wird vergessen, daß Zentriertsein wohl ein wichtiger und grundlegender Zustand ist, aber dennoch bloß eine Stufe, die uns hilft, weitere Teile von uns zu entfalten und zu öffnen.

Wir sollten uns daran erinnern, daß uns die Kraft des Zentrums helfen kann, wenn wir uns verloren und verängstigt fühlen. Wenn wir aber auf dieser oder einer anderen Stufe stehenbleiben, kommt uns der Blick für das Größere abhanden, und wir verlieren die Fähigkeit, uns auszubreiten und zu wachsen.

Erden

Nachdem wir nun ein Zentrum für unsere Arbeit geschaffen haben, können wir uns der Erdung zuwenden. Wenn Zentrieren bedeutet, daß wir unsere eigene Energiequelle benützen, dann stellt das Erden die Verbindung zu den Qualitäten und Möglichkeiten dieser Energie her. Die Erdung stellt sich ein, wenn man die Energieströme, Gefühle und Empfindungen, die eine Veränderung auslösen, nach unten fließen läßt. Wir können diese Energie dazu verwenden, die Lendengegend zu verkrampfen, den Atem anzuhalten, uns von den Mitmenschen zurückzuziehen oder auf sie zuzugehen, oder wir können sie dazu verwenden, einen Boden zu schaffen und uns mit den eigenen Beinen und der Erde zu verbinden. Die Energie, die in einem Umbruch frei wird, kann als Erdungskraft verwendet werden.

Wenn plötzlich eine ganze Menge Wahrnehmungen, Einsichten oder Gedanken auf uns einstürzen, können wir die Körperenergien, die diese Verwirrung freilegt, für das Erden benützen. Ist es die Einsicht «ich bin verwirrt», dann spüren wir dieser Verwirrung im Körper nach. Dann lassen wir ihre Energie mit der Schwerkraft nach unten fließen. Dieser Abwärtsfluß, weg von den Gedanken, schafft den physischen Boden, auf dem wir uns entfalten können, gerade wie ein Kind sich auf dem liebenden und aufbauenden Nährboden der sich ihm zuwendenden Eltern entfaltet.

Dadurch, daß wir die körperliche Energieerfahrung durch die Beine in die Erde lenken, verwurzeln wir uns in der lebendigen Wirklichkeit unserer Situation. Das Erden holt uns aus unseren Gedanken und verbindet uns mit der Erde und der Schwerkraft. Durch das Erden werden die Dinge faßbar und konkret. Wenn wir zulassen, daß ein Energieschub frei durch die Beine in die Erde fließt, dann werden wir verankert und können aus unserem aktuellen Sein anstatt aus der erworbenen Tendenz heraus reagieren.

Wenn uns ein Energieschub trifft und wir erst zu überlegen beginnen, wie wir wohl reagieren könnten, dann wird oberflächliches und unreifes Verhalten die Folge sein. Wir alle kennen genügend Leute, die großartige Botschaften verbreiten, aber in dem, was sie sagen, nicht geerdet sind. Sie haben die Füße nicht auf dem Boden. Sie können sehr gewandt über Wissen und Informationen sprechen, doch sind sie in ihrem Wissen nicht verankert.

Es liegt Weisheit in der Erregungskraft, die in Zeiten des Wandels durch uns fließt. Es ist wichtig, diese Weisheit körperlich zu erfahren, damit sie uns erden kann, und wir aus dieser Erdung heraus handeln können. Man kann Erdung in den Füßen spüren, die fest auf dem Boden stehen, oder im Gesäß, das fest auf dem Stuhl sitzt. Während Sie mit jemandem sprechen, bleiben Sie stets mit den Empfindungen und Energien in Füßen und Beinen in Kontakt. Wenn Sie sprechen und zuhören, dann soll dies aus dem Gefühl der Verwurzelung heraus geschehen.

Sich Boden erschaffen, kann eine äußerst starke Erfahrung sein. Ein mir bekanntes Paar benutzte das Prinzip der Erdung, um sich aus einer Notlage zu befreien, als sie in der Karibik in den Ferien waren. Sie hatten sich auf die falsche Seite der Stadt verlaufen, als sie sich plötzlich an einer dunklen, einsamen Stelle drei großen Männern gegenübersahen, die bedrohlich auf sie zukamen. Nach kaum sechs Monaten Aikido waren sie natürlich nicht glänzend vorbereitet und hatten Angst. Umzingelt und ratlos, wie sie waren, taten sie, was sie gelernt hatten: Erden. Sie nahmen die Aikido-Grundstellung ein, die wir *hammi* nennen, ließen ihre Knie locker, verlegten den Schwerpunkt etwas nach unten und sandten durch die Hände Energie aus. Es ist die Stellung, die in Abb.1 gezeigt wurde, die Grundstellung für das Erden und Zentrieren.

Als das Paar in dieser Haltung einen guten Bodenkontakt hergestellt hatte, blieben die Männer plötzlich etwa 20 m vor ihnen stehen. Die beiden hielten ihren Bodenkontakt, und die Männer begannen, sich etwas zuzuflüstern. Kurz danach machten sie kehrt und verschwanden. Offenbar hatte allein das Geerdetsein, ohne zurückzuweichen oder aggressiv vorzuprellen, diese Männer verunsichert.

Die Erfahrung des Geerdetseins können wir auf praktisch alle Lebensbereiche übertragen, sie hilft uns gleichermaßen im sozialen, intellektuellen und spirituellen Bereich, sei es im Umgang mit Konflikten oder beim Lernen von neuen Fertigkeiten. Die Arbeit durch den Körper hilft uns, aus schwierigen Situationen herauszuwachsen, gerade indem sie uns lehrt, uns zu erden.

Erden durch die Beine

Wenn wir die Beine ganz bewußt erleben, verbinden wir uns mit unserer Stützstruktur. Es gibt uns Sicherheit, wenn wir uns durch die Beine in der Erde verwurzeln. Sind wir in unseren Beinen nicht wirklich zuhause, sind unsere Becken-, Rumpf- und Armbewegungen, ja alle unsere Handlungen in der Welt, unsicher. Es gibt Leute, die mit gestreckten dünnen Beinen versuchen, einen starken, muskulösen Oberkörper herumzutragen. Sie kompensieren die mangelnde Erdung, indem sie krampfhaft die Zehen zusammenkrallen, das Zwerchfell anspannen oder das Gesäß einziehen. Die Beine sind zwar unter ihnen und die Füße stehen auf dem Boden, doch ohne Gefühl und Energie. Und weil die energetische Verbindung zwischen den Füßen und dem Boden fehlt, schaffen sie sich ihren Boden irgendwo im Bereich der Hüfte. Das verleiht ihren Handlungen und Gesten stets eine tastende und unverläßliche Note.

Die Lebensgeschichte solcher Leute zeigt oft, daß sie gezwungen waren, ihren eigenen Boden und Halt aufzubauen, lange bevor sie dazu bereit waren. Wenn sie das älteste in einer Geschwisterreihe waren, ist ihre Geschichte voll von Hinweisen darauf, daß sie vorzeitig zum Gehen gezwungen wurden. Waren es aber jüngere Geschwister, dann mußten sie immer mithalten und mit den älteren gleichziehen. Irgendwo unterwegs haben sie einen Entwicklungsschritt übersprungen und die organische Verbindung zwischen Beinen und Erde verloren. Oben scheinen sie stark und tüchtig, doch stehen sie auf wackligen Füßen und klammern sich an. Solche Menschen sind große Zweifler und suchen ihren Boden in den andern. Wenn man mit ihnen arbeitet, muß man zuerst einmal herausfinden, was sie zu ihrem Boden gemacht haben – Bekken, Zwerchfell, Solarplexus oder Kehle –, und danach, durch Bewegung, Atem und Töne ihre Erregungskraft und Aufmerksamkeit in die Beine hinunterführen.

Machen Sie die nächste Übung mit einem Partner (Abb. 6). Stellen Sie sich breitbeinig, mit angewinkelten Knien und geradem Rücken hin. Es sollte sich wie eine tiefe Hocke anfühlen. Achten Sie darauf, daß Sie das Gleichgewicht nicht verlieren. Der Partner stellt sich nun hinter Sie und drückt mit den Händen Ihre Schultern gerade nach unten, ohne Sie aus dem Gleichgewicht zu bringen. Versuchen Sie, sich nun aus den Beinen und Füßen heraus und gegen den Druck des Partners hoch in den aufrechten Stand zu bringen. Es geht darum, für das Hochkommen den Boden zu benützen, um die energetische Erfahrung der Beine und Füße im Bodenkontakt. Stemmen Sie sich also nicht mit Schultern und Nacken hoch. Versuchen Sie, das Erdungspotential in den Beinen und Füßen zu spüren. Der Partner kann den Druck variieren, während Sie an diesem Aspekt der Erdung arbeiten.

Und hier noch eine weitere Übung zum Erden (Abb. 7). Stehen Sie entspannt und zentriert. Spüren Sie Ihre Energie als starken Fluß, der aus dem Bauch durch Becken und Beine tief in die Erde hineinströmt. Falls Sie ein Zittern und Fließen in Ihren Beinen

6

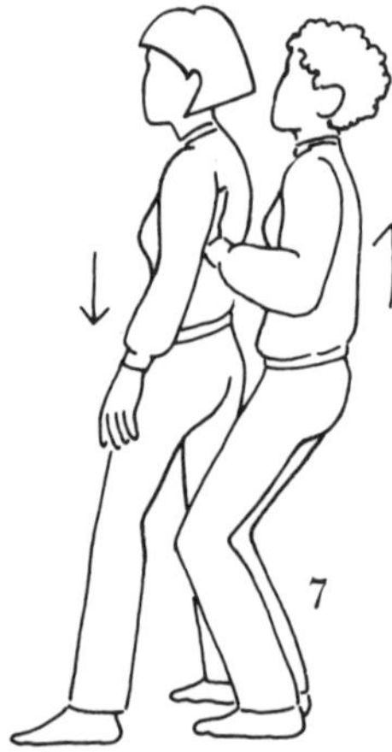

7

wahrnehmen, lassen Sie es in den Strom nach unten einfließen. Ein Partner soll Sie nun unter die Achseln fassen und langsam, aber kräftig nach oben drücken und versuchen, Sie vom Boden hochzuheben. Sie reagieren nicht auf den Druck, sondern verbinden sich weiterhin mit dem Energiefluß, der Sie mit dem Zentrum der Erde verbindet. Mit etwas Übung bringen Sie es soweit, daß Sie sich verwurzelt fühlen wie ein Baum und der Partner Sie nicht verrükken kann.

Wenn Sie diese Übung machen, versuchen Sie auch das Folgende: Strecken Sie Ihre Finger und stellen Sie sich vor, daß sie kräftige Energiestrahlen aussenden, die mit dem Erdzentrum verbunden sind. Wenn nun Ihr Partner langsam, aber kräftig versucht, Ihren gestreckten Arm hochzudrücken, wird er den Eindruck haben, er versuche die Erde hochzuheben (Abb. 8).

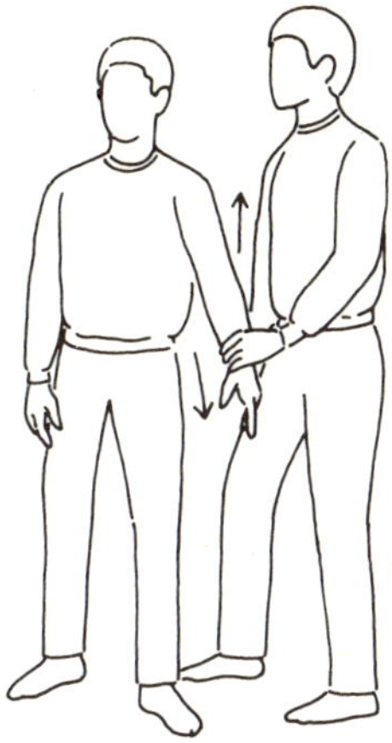

8

Gefahren

Wenn wir die Erdung überbetonen, besteht die Gefahr, daß wir fixiert und unbeweglich werden. Die Kraft, die das Erden mit sich bringt, kann uns auch so stark verwurzeln, daß wir uns kaum mehr bewegen können. Wenn wir alle Körperinformationen in die Erde leiten, sind wir vielleicht stark, aber auch plump und schwerfällig. Das Potential ist uns abhanden gekommen, das gerade darin liegt, geerdet und trotzdem flexibel und anpassungsfähig zu sein. Sobald wir Erdung zum Selbstzweck machen, verbauen wir uns das Miteinander mit anderen und den Weg aus unseren Problemen.

Eingehen und Vermischen

Nachdem wir uns Zentrum und Boden erarbeitet haben, können wir uns den Zuständen des Eingehens und des Vermischens zuwenden. Damit stoßen wir zum Kern unserer Verwirrung und Wandlung vor. Auf den ersten zwei Stufen haben wir gelernt, uns zu öffnen. Sie stellen die Vorbereitung dar. Diese Stufe nun erfordert unsere aktive Teilnahme am Wandlungsprozeß. Wir reagieren nicht mehr bloß auf unseren inneren Prozeß, wir lassen uns jetzt durch äußere Handlungen in die aktuelle Situation verwickeln. Wir lassen uns auf unser Hindernis ein oder gehen darauf zu und vermischen uns mit seiner Energierichtung. Wir entscheiden uns dafür, der Intelligenz der Körpersignale zu vertrauen und sie aktiv umzusetzen. So gestalten wir nicht nur uns, sondern auch unseren Wandlungsprozeß.

Auf dieser Stufe eröffnet sich uns eine Richtung, und wir stehen vor einer Wahl. Wir können der Bewegung der Situation folgen, wir können Widerstand leisten und uns sträuben, oder wir können der Verantwortung ausweichen und uns selbst abtöten. Das Eingehen und Vermischen können wir ganz konkret erleben, wenn die zielgerichtete Energie eines Angreifers auf uns zukommt; oder wenn wir im Umbruch einer Beziehung klar die Richtung sehen, die wir einzuschlagen haben; oder wenn wir die berufliche Laufbahn ändern und auf neue Inhalte und Bedürfnisse in unserem Leben stoßen. Wie immer auch die Situation beschaffen ist, durch das Daraufeingehen und das Vermischen können wir uns den Fluß der Energie und der Ereignisse nutzbar machen.

Eingehen

Im Aikido sagen wir oft, daß die Lösung im Kern des Problems selbst steckt oder daß die Energie des Angriffs die Lösung beinhaltet. Im Aikido kennen wir die Bewegungsfolge *irimi,* die das Eingehen auf einen Angriff darstellt («Eintreten»). Wenn eine *irimi*-Technik am Platz ist, geht man direkt auf den Kern des Angriffs ein. Es ist keine aggressive Bewegung, denn man verbindet sich mit dem Angriff und versucht nicht, ihn abzuwenden oder zurückzuschlagen. Man bewegt sich auf die ankommende Energie zu, gleichgültig, ob es sich um einen physischen Angriff oder eine verbale Attacke handelt, denn man will sie in ihrem Kern erfahren, um dann frisch und kreativ damit umgehen zu können.

Dieses Eingehen bedeutet nicht, sich kopfüber in ein Problem zu stürzen, sondern offen und einfühlend bei uns selbst zu sein. Wenn wir uns unserer eigenen Neurose oder einer unangenehmen Situation zuwenden, können wir sinnvoll mit uns und unseren Konflikten arbeiten. Sobald wir aufhören, vor dem, was uns Angst macht, davonzulaufen, können wir Verantwortung übernehmen für

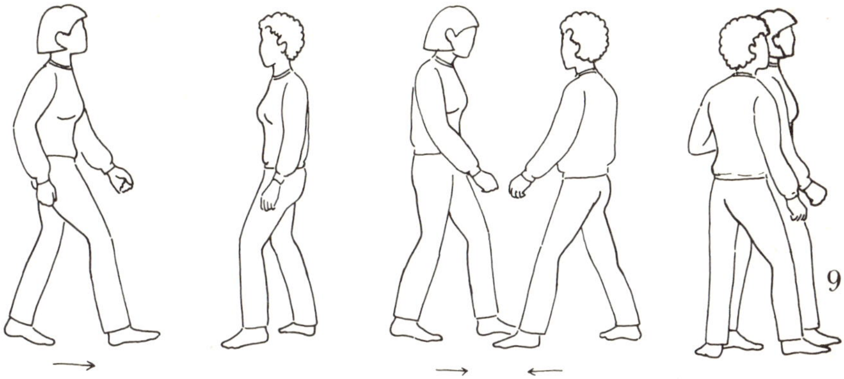

9

unsere Projektionen und gelangen direkt zum Kern unserer selbst und unserer Lage.

Wenn wir auf etwas eingehen, werden wir stärker und verletzlicher zugleich. Der Schritt nach vorn bedeutet: «Ich gehe das Risiko ein, vorzutreten und der zu sein, der ich bin. Ob ich recht habe, weiß ich nicht, doch ich nehme das Risiko auf mich und trete vor.» Damit schöpfen wir unsere Einflußmöglichkeiten aus und übernehmen mehr Verantwortung.

Es folgt eine einfache Übung, mit der man das Eingehen üben kann (Abb. 9). Nehmen Sie die *hammi*-Stellung ein (s. Abb. 1), zentriert und geerdet. Ein Partner kommt entschlossen und draufgängerisch auf Sie zu. Wenn er nur noch zwei Armlängen von Ihnen entfernt ist, bewegen Sie sich direkt auf ihn zu. Kurz bevor er Sie umstößt, entziehen Sie sich sacht zur Seite und drehen sich in seine Bewegungsrichtung.

Als nächstes soll der Partner mit erhobener Faust auf Sie zukommen, als ob er Sie auf den Kopf schlagen wollte (Abb. 10). Die Faust verkörpert irgendeine ankommende Energie – eine verbale Attacke, Druck vom Chef, eine Krankheit, ein neurotischer Anfall oder was immer. Während sich der Partner nähert, bleiben sie zentriert und geerdet und gehen direkt in den Angriff hinein. Im letzten Moment treten Sie zur Seite, so daß Sie der Schlag nicht erwischt und drehen sich in die Bewegungsrichtung Ihres Partners. Er kann Tempo und Stärke des Angriffs steigern, wenn Sie sich sicherer fühlen.

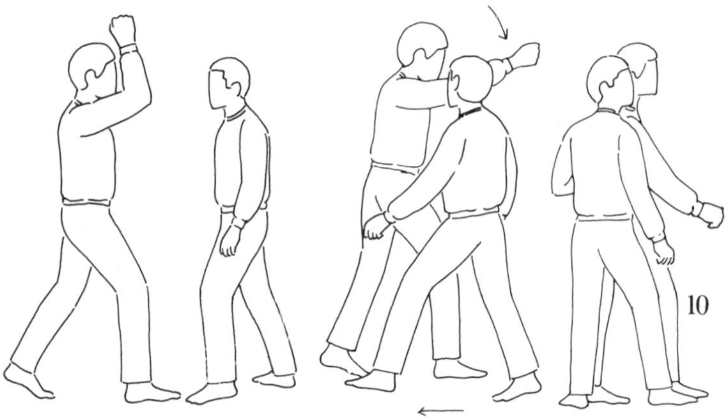

10

Vermischen

Im Roman «Wenn die Nachtigall schlägt» von Harper Lee sagt Atticus zu seiner Tochter Scout, daß man einen anderen Menschen nie ganz kenne, solange man nicht «in seiner Haut gesteckt hat». Das beschreibt das Vermischen. Sich vermischen bedeutet, zusammenzufließen und zu verschmelzen.

Vermischen hat nichts mit Nachgeben oder kriecherischer Unterwürfigkeit zu tun. Es ist ein aktives Teilhaben, das uns in Zeiten des Umbruchs und der Krise Kraft gibt. Es ist zwar gekennzeichnet durch Hingabe und Geschehenlassen, doch keineswegs durch Resignation, denn es geschieht aus dem Zentrum und aus der Erdung heraus. Das Verschmelzen mit der Energierichtung ist eine Form des aktiven Zulassens, des aktiven Nichtwiderstehens.

Vermischen ist eines der Grundprinzipien im Aikido. Im Aikido begegnet man einem Angriff, indem man sich mit der Bewegung und der Kraft des Angreifers verbindet. Auf diese Weise kann man die Energie des Angreifers benutzen, um den Angriff zu neutralisieren. Das Vermischen mit der Angriffsenergie läßt uns nicht nur spüren, worauf der Angreifer eigentlich aus ist, sondern gibt uns auch die Möglichkeit, die Energie in eine gewaltlose Kreisbewegung umzulenken.

Die folgende Geschichte von Terry Dobson, einem Aikidokämpfer, Schwarzer Gürtel, 5. Dan, veranschaulicht die Kraft des Vermischens auf eindrucksvolle Weise.*

An einem trüben Frühlingsnachmittag ratterte der Zug durch die Vororte von Tokio. In unserem Wagen befanden sich einige Hausfrauen mit Kindern auf dem Schoß und ein paar ältere Leute, die einkaufen gingen. Ich starrte gedankenverloren auf die grauen Häuser und die staubigen Hecken.

Bei einer der Haltestellen gingen die Türen auf, und mitten in die Nachmittagsruhe platzten die derben, unverständlichen Flüche eines Mannes, der bald darauf in unser Abteil torkelte. Er trug Arbeiterkleidung, war groß, betrunken und schmutzig. Er brüllte laut und versetzte einer Frau, die ein Kind auf den Knien hatte, einen Schlag, der sie in die Arme eines älteren Ehepaars beförderte. Es war ein bares Wunder, daß das Kind heil geblieben war.

Das Paar sprang entsetzt auf und taumelte ans andere Ende des Wagens. Der Arbeiter holte zu einem Fußtritt gegen den Rücken der alten Frau aus, der jedoch ins Leere ging, da sie sich bereits in Sicherheit gebracht hatte. Das brachte den Betrunkenen so auf, daß er den Metallgriff in der Mitte des Wagens packte und versuchte, ihn aus der Verankerung zu drehen. Seine eine Hand war zerschnitten und blutete. Die Bahn ratterte dahin, die Passagiere waren starr vor Angst. Ich stand auf.

Ich war damals, vor etwa 20 Jahren, jung und recht gut in Form. Diese hatte ich mir im Laufe der vergangenen drei Jahre durch ein eisernes, täglich fast achtstündiges Aikido-Training erarbeitet. Das Werfen und Packen machte mir Spaß, und ich hielt mich für zäh und draufgängerisch. Ich hatte meine Kampfkunst jedoch noch nie im wirklichen Kampf erproben können. Als Aikido-Praktizierendem war es mir nicht erlaubt zu kämpfen.

Immer wieder hatte mein Lehrer gesagt: «Aikido ist die Kunst der Versöhnung. Wer immer Kampf im Sinn hat, hat seine Verbindung zum Universum abgeschnitten. Sobald du versuchst, jemanden zu beherrschen, bist du bereits besiegt. Wir lernen Konflikte auflösen und nicht anzetteln.»

---

* Abdruck aus dem Lomi School Bulletin, Sommer 1980, S. 23–24, mit dem Einverständnis des Autors.

Ich nahm seine Worte auf und bemühte mich sehr. Ich ging sogar so weit, daß ich die Straßenseite wechselte, um den Punks im Umkreis der Bahnhöfe aus dem Weg zu gehen. Ich fühlte mich draufgängerisch und heilig zugleich. Tief in meinem Herzen aber wünschte ich mir eine legitime Gelegenheit, um das Unschuldige durch die Vernichtung des Schuldigen zu retten.

«Das ist's!» sagte ich mir und stand auf. Es sind Leute in Gefahr, und wenn ich nicht sofort eingreife, wird jemand verletzt.

Als mich der Betrunkene aufstehen sah, ergriff er die Gelegenheit, nun seine Wut auf mich zu richten. «Aha», brüllte er, «ein Ausländer! Du brauchst wohl eine Lektion über japanische Manieren!»

Ich hielt mich lässig am Halteriemen über meinem Kopf und warf ihm einen bedächtigen, angeekelten und herablassenden Blick zu. Ich wollte diesen Streithahn schon zur Strecke bringen, doch er sollte den ersten Schritt tun. Um ihn zu reizen, schürzte ich meine Lippen und warf ihm ganz frech einen Kuß zu.

«Na gut!» schrie er laut, «du wirst deine Lektion kriegen.» Er sammelte sich, um auf mich loszugehen.

Doch noch ehe er losgehen konnte, rief jemand: «Hey!» Es war ohrenbetäubend laut. Ich erinnere mich an den seltsam heiteren, freudig erregten Klang dieser Stimme – wie wenn man zusammen mit einem Freund aufs eifrigste nach etwas gesucht hätte und nun plötzlich darüber stolperte: «Hey!»

Ich drehte mich nach links, der Trunkenbold nach rechts. Und wir beide starrten auf einen kleinen, alten Japaner hinunter. Er war sicher etliches über siebzig, dieser zierliche Mann. Er saß makellos da in seinem Kimono. Von mir nahm er keine Notiz, er strahlte einfach freudig den Arbeiter an, als ob er ihm ein hochwichtiges, freudiges Geheimnis mitteilen wollte.

«Komm her», sagte der Alte mit einem einheimischen Akzent und winkte den Betrunkenen heran. «Komm und erzähl mir was.» Er winkte sanft mit der Hand.

Der große Mann folgte der Bewegung wie am Schnürchen. Dann pflanzte er sich kampflustig vor dem Alten auf und brüllte durch das Rattern der Räder hindurch: «Warum, verdammt, soll ich dir was erzählen?» Er stand mit dem Rücken zu mir. Wenn sich sein Ellenbogen auch nur einen Millimeter gerührt hätte, hätte ich ihn an die Decke geknallt.

Der alte Mann hörte nicht auf, den Arbeiter anzustrahlen: «Was hast du denn getrunken?» fragte er, und seine Augen funkelten vor Interesse. «Sake hab ich getrunken», schrie der andere zurück, «und dich geht's überhaupt nichts an!» Der Alte bekam einen Sprühregen aus Spucketropfen ab.

«Herrlich, ganz herrlich», sagte der Alte, «ich mag auch so gern Sake. Ich und meine Frau – die ist 76 –, wir wärmen jeden Abend eine kleine Flasche Sake und trinken sie draußen im Garten auf einer alten Holzbank. Wir sehen uns den Sonnenuntergang an und schauen, wie es unserem Persimonenbaum geht. Den hat mein Urgroßvater gepflanzt, und wir sorgen uns, ob er sich wohl von den Eisstürmen des letzten Winters erholt. Es geht ihm viel besser, als ich erwartet habe, besonders, wenn man an den kargen Boden denkt. Es macht soviel Freude, das zu sehen, wenn wir Sake trinken und den Abend draußen genießen, auch wenn es regnet!» Er schaute nun zum Arbeiter auf und zwinkerte.

Während sich der Betrunkene Mühe gab, dem Geplauder des Alten zu folgen, wurden seine Züge weicher. Er ließ die Fäuste lokker. «Tja», sagte er, «Persimonen mag ich auch gern ...», und verstummte.

«Ja, ja», fuhr der Alte lächelnd fort, «und ich bin sicher, du hast eine wunderbare Frau.»

«Nein», war die Antwort, «meine Frau ist tot.» Ganz sanft, im Rhythmus des Zugs schwankend, begann der große Mann zu schluchzen. «Ich habe keine Frau, ich habe kein Haus, und ich habe keine Arbeit. Ich schäme mich so.» Tränen rannen über sein Gesicht, und ein verzweifelter Krampf schüttelte seinen Körper.

Nun war ich dran. Da stand ich in meiner aufpolierten jugendlichen Unschuld, mit meiner Selbstgerechtigkeit, meinem «Bahnfrei-für-den-Gerechten»-Denken. Ich fühlte mich plötzlich viel schmutziger als er.

Ich war an meiner Haltestelle angelangt. Als die Türen aufgingen, hörte ich den Alten mitfühlend glucksen: «Oje, das ist aber eine üble Sache, wirklich. Setz dich zu mir und erzähl mir davon.»

Ich warf einen letzten Blick zurück. Der Arbeiter lag auf dem

Sitz, sein Gesicht im Schoß des Alten vergraben. Dieser strich sanft über das schmutzige, verfilzte Haar.

Als der Zug weg war, setzte ich mich auf eine Bank. Was ich mit Muskelkraft hatte erreichen wollen, war mit sanften Worten geschehen. Ich hatte die Anwendung von Aikido im echten Kampf miterlebt. Sein Wesen war Liebe. Ich würde die Kunst in Zukunft in einem ganz anderen Geiste üben müssen. Und es würde noch lange dauern, bis ich fähig sein würde, über Konfliktlösung zu sprechen.

Sich mit jemandem in einer therapeutischen oder erzieherischen Beziehung vermischen, heißt, ihn da abzuholen, wo er steht und nicht mit vorgefaßten Konzepten und Moralvorstellungen an ihn heranzutreten. Durch das Vermischen mit einer Person sehen wir die Welt aus ihrem Blickwinkel. Wenn wir das können, eröffnen sich uns ganze Welten von neuen Möglichkeiten. Es zeigt uns zum Beispiel eine Alternative zum ewigen Gewinner-Verliererspiel in Konfrontationen.

Es folgen hier ein paar einfache Übungen, die uns mit dem Zustand des Vermischens vertraut machen.

Stellen Sie sich etwa zehn bis zwölf Meter von einem Partner entfernt auf und bitten Sie ihn, direkt auf Sie zuzukommen. Lassen Sie ihn bis etwa auf einen Meter herankommen und treten Sie dann zur Seite, damit er weitergehen kann. Sobald er bei Ihnen ist, gehen Sie mit ihm weiter und versuchen, sich in seinen Rhythmus, sein Tempo und seinen Schritt einzustimmen und sich damit zu verbinden. Lassen Sie auch Ihre Arme schwingen wie er, und übernehmen Sie seinen Gang. Ist er aggressiv, schüchtern oder locker? Versuchen Sie, sich so gründlich mit dem Partner zu vermischen, daß Sie ihn mit der Zeit wie Ihren umgehängten Mantel empfinden. Nehmen Sie seinen Gang so tief in sich auf, daß Sie allmählich zu spüren beginnen, was es heißt, diese Person zu sein. Lassen Sie das Vermischen so tief werden, daß Sie sich in seiner Haut spüren. Man kann diese Übung auch allein machen und sich mit dem Gehen an sich vermischen. Überlassen Sie sich dem Gehen so weit, wie Sie nur können.

Die nächste Übung können Sie mit oder ohne Partner machen. Sie hat drei Phasen. In der ersten soll der Partner Ihren Zeigefinger

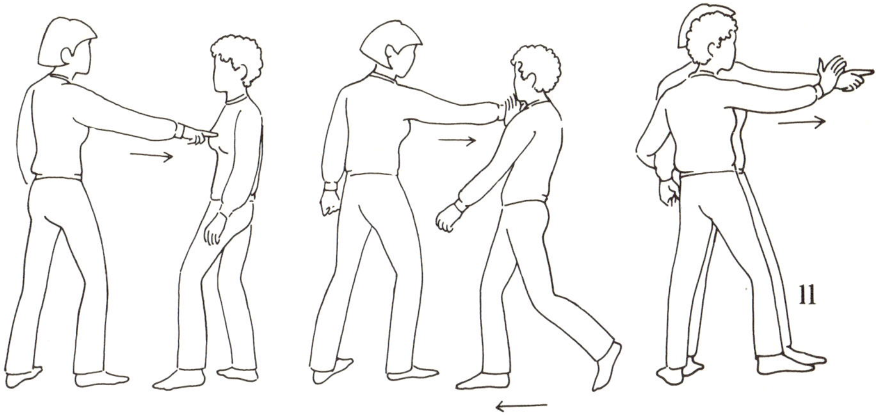

11

packen und langsam nach hinten drücken. Dieser Druck stellt eine Bewegungsrichtung dar. Beobachten Sie in dieser Phase, wie weit man Ihren Finger zurückbeugen kann, während Sie der Bewegungsrichtung Widerstand leisten. Sagen Sie es dem Partner, wenn der Schmerz zu groß wird. In der zweiten Phase gehen Sie mit Ihrer Aufmerksamkeit irgendwohin weit weg – an den Arbeitsplatz, zu einer Erinnerung oder an einen fernen Ort. Beobachten Sie, wie weit sich der Finger beugen läßt, wenn Sie die Situation «verlassen». Sicherlich weiter, als wenn Sie aktiven Widerstand leisten. In der dritten Phase vermischen Sie sich aktiv mit der Richtung des gebeugten Fingers, indem Sie sich sagen: «Hier läuft ein Bewegungsmuster ab. Ich mag es gern haben oder nicht, es geschieht einfach. Also vermische ich mich mal damit und schaue, was herauskommt, wenn ich da mitarbeite, anstatt mich zu widersetzen.» Es wird Ihnen rasch klar werden, daß Sie durch das Eingehen auf die Bewegung viel weniger Schmerzen spüren und sich der Finger viel leichter beugen läßt.

Stellen Sie sich für die nächste Übung Ihrem Partner gegenüber. Beide nehmen die *hammi*-Stellung ein, mit dem rechten Fuß vorne (Abb. 11). Ihr Partner zielt nun mit seinem Finger auf Ihre Brust. Das kann einen Konfliktpunkt darstellen. Spüren Sie erst einmal, wie es sich anfühlt, sich direkt seiner Energie und Absicht entgegenzustellen. Nun treten Sie an seine rechte Seite und übernehmen seine Stellung so vollständig wie möglich, und zwar nicht nur körperlich, sondern auch in der inneren Haltung. Betrachten Sie die Welt durch seine Augen. Wenn Sie nun seine Stellung in sich aufgenommen haben, fühlen Sie sein Gewicht, sein Gleichgewicht, seine Kraft und seine Entschlossenheit und vermischen Sie sich auch damit.

Gefahren

Wenn wir lernen, uns auf den Kern unserer eigenen Erfahrungen einzulassen und uns damit zu vermischen, kann das dazu führen, daß wir auch die Vorgänge in anderen Leuten, in Organisationen und Systemen wahrnehmen. Das ist eine natürliche Erscheinung und an sich kein Problem. Doch wenn die Verlockung dieser Macht so groß wird, daß wir dauernd das Spielchen «Ich weiß, was du tust; ich habe dich durchschaut» treiben, haben wir unseren eigenen Pfad verlassen.

Ein anderes Syndrom dieser Stufe treffen wir häufig bei Therapeuten und Lehrern an. Berater und Therapeuten vergessen oft über der Genugtuung, daß sie den andern wirklich sehen, ihre eigenen Bedürfnisse nach Wachstum und Selbsterkenntnis. Das wird oft noch unterstützt durch Außenstehende, die ihnen sagen, wie genau ihre Wahrnehmungen oder wie großartig ihre Einsichten seien, oder die überzeugt sind, daß sie irgendwelche magischen Fähigkeiten besitzen. Solche Komplimente sind sehr heimtückisch. Wir müssen ehrlich bleiben mit uns selbst, aufpassen, daß wir uns nicht in Machtspiele verwickeln lassen, und zur nächsten Stufe weitergehen.

Sinnvolles Handeln

Wir sind auf die Wandlungsenergie eingegangen und haben uns damit vermischt, nun können wir das Richtige tun. Wir haben gesehen, daß Wandlung und Verwirrung einer bestimmten Bewegungsrichtung folgen. Wenn wir uns dieser Energierichtung anschließen, können wir sie sinnvoll handhaben. Wir brauchen unseren Angreifer nicht zu verletzen, und es muß auch nicht eine Riesenanstrengung sein, einem Zugriff zu begegnen. Weil unsere Wahrnehmung auf dieser Stufe ganzheitlich ist, sind wir fähig, unsere Entscheidungen und Handlungen sinnvoll, mitfühlend und erfinderisch zu gestalten.

Auf der Stufe des sinnvollen Handelns vertiefen wir unsere Körpererfahrungen und bereichern unser Leben mit einer weiteren Ebene der Lebendigkeit und Vitalität. Sinnvolles Handeln kann positiv oder rezeptiv sein. Seine Leitprinzipien sind: Sichausbreiten (positiv); Zulassen, Entspannen und Zeitgefühl (rezeptiv). Auf dieser Stufe können wir die eigene Kraft entfalten, ohne die Bedürfnisse der andern aus den Augen zu verlieren. Wir wissen, wie weit wir uns ausbreiten und wie viel wir empfangen können. Entspannung und Zeitgefühl sagen uns auch, wann es Zeit ist zum Handeln und wann nicht.

Dem liegen keine Vorstellungen zugrunde, wie wir sein sollten, sondern Körpererfahrungen, die aus dem Leben und dem unmittelbaren Handeln entstehen. Das heißt mit andern Worten, daß der Ausgangspunkt für das sinnvolle Handeln weiterhin der Körper ist und nicht kulturelle oder moralische Vorstellungen. Setzen Sie sich als Übung einfach auf einen Stuhl, zentriert und geerdet. Gehen Sie nun auf die Richtung des Sitzens ein und vermischen Sie sich damit. Stellen Sie sich nun auf feinere Schwingungen ein, benützen Sie das Sitzen als Übungsfeld.

Wie können Sie erreichen, daß Sitzen so mühelos und ganzheitlich wie möglich wird? Können Sie Ihre Wirbelsäule aufrecht und entspannt halten und zugleich Brust und Bauch weich und offen lassen? Kann Ihr Atem zu einer Welle werden, die Ihre Wirbelsäule sanft massiert? Können Sie so aufstehen, daß Ihre Bewegungen harmonisch, zentriert, geerdet und der Situation angepaßt sind? Diese Fragen deuten die Seinsweise an, die den Kern dieser Stufe ausmacht.

Sich Ausbreiten (positiv)

Wir sind positiv, wenn wir unsere Energie auf eine positive Weise ausbreiten. Wenn wir aufgefordert werden, eine positive

12

Haltung einzunehmen, werden wir meistens aggressiv und steif und lehnen uns nach vorne. Auf der Gefühlsebene verwechseln wir positiv oft mit dickköpfig und ehrgeizig. Das ist falsch verstandene Positivität und gehört zu dem verbreiteten narzißtischen Verhaltensmuster, das ausdrückt: «Ich ziehe meine Sachen durch, ob du mitmachst oder nicht.» Die Erfahrung des Positivseins macht man allerdings nicht dann, wenn man die Grenzen eines anderen mißachtet, um das eigene Territorium zu vergrößern. Positivsein ist ein Ausdruck des Lebens, durch den weder ein anderer beherrscht noch unterdrückt wird.

Im Aikido nennen wir diesen positiven Energiefluß positives ki. Es entspricht der Fähigkeit, energetisch nach außen zu strömen, ohne dabei steif oder überdreht zu sein. Diese Selbstausbreitung vergrößert unsern Handlungsspielraum, sei es im Empfangen, im Wegschieben oder im Nehmen. Ein konkretes Beispiel dafür ist der Golfspieler, der seine Energie und Aufmerksamkeit gleichzeitig auf den Griff richtet, den die Hände umfassen, und auf das Endstück des Schlägers, das den Ball berührt. Dasselbe gilt auch für jemanden, der einen Pinsel hält, einen Baseballschläger, ein Schwert oder eine Angelrute. Eine solche Ausbreitung in die Umgebung verankert uns gleichzeitig in unserem Zentrum und Boden.

Versuchen Sie mit einem Partner folgendes (Abb. 12): Stellen Sie sich in *hammi* auf, zentriert und geerdet, den rechten Fuß vorgestellt. Strecken Sie nun den rechten Arm parallel zum rechten Fuß aus. Der Ellbogen sollte leicht gebeugt und die Schulter entspannt sein. Stellen Sie sich nun vor, ein kräftiger Energiestrom fließe durch und aus diesem Arm tausend Kilometer in die Ferne. Ihr Arm ist ein Kanal für unbegrenzte, weittragende Energie, die unbehindert hindurchfließt. Falls Sie ein Kribbeln, Vibrieren oder Fließen im Körper und im Arm wahrnehmen, dann entspannen Sie sich noch mehr und erlauben Sie diesen Empfindungen, sich dem Strom in Ihrem Arm anzuschließen. Fordern Sie nun Ihren Partner auf, eine Hand auf Ihren Oberarm und die andere von unten an Ihr Handgelenk zu legen und Ihren Arm langsam, aber bestimmt zu beugen. Auch wenn er kräftiger ist als Sie, wird es ihm nicht gelingen, Ihren Arm zu beugen, wenn Ihr positiver Energiefluß kontinuierlich und entspannt ist.

Was Sie in diesem Arm fühlen, ist ein positiver Energiefluß. Wenn Sie das genügend oft üben, können Sie dasselbe Gefühl im ganzen Körper erfahren. Sie können es dann in Ihr Leben hineinnehmen als eine Art, Ihren Geist zu entfalten und mit andern Kontakt aufzunehmen.

Zulassen (rezeptiv)

Rezeptivsein ist ein sanfter und sensibler Lebensausdruck, doch nur in seiner positiven Ausprägung. Es besitzt eine Anziehungskraft, die magnetisch wirken kann. Es entspricht der Yin-Energie, die oft mit Mond, Intuition, Nachgeben und Mutter in Verbindung gebracht wird. Falsch verstandenes Rezeptivsein sehen wir bei Leuten, die glauben, rezeptiv zu sein, wenn sie einfach unentschlossen sind; meistens geraten sie dadurch in eine selbstgeschaffene Falle, aus der sie nur durch ein passiv-aggressives Verhalten wieder hinausfinden. Solche Leute haben eine unechte Aufnahmefähigkeit entwickelt, indem sie durchlässig und angenehm sind im Umgang, unter Druck jedoch meistens aggressiv reagieren. Es sind Leute, die lächeln, wenn sie wütend sind. Anstatt ihre Meinung frei herauszusagen, geben sie dir recht, aber hinter deinem Rücken lassen sie ihrer Aggression freien Lauf.

Meistens ist der Ursprung eines solchen Verständnisses von

Rezeptivsein in der frühen Kindheit zu suchen. Während der Sozialisierungsphase müssen die Eltern notgedrungen immer wieder nein zu ihren Kindern sagen; wenn sie jedoch dem Kind das Nein nehmen, ist das ein Fehler. Wenn das Kind spürt, daß es nur annehmen und Befehle entgegennehmen darf, ohne daß es seine «Nein»-Macht ausüben kann, die einen wichtigen Baustein in seiner Selbstwerdung darstellt, dann wird es zum Anpasser und verleugnet sich. Es wird nicht nur um die Grunderfahrung des Rezeptivseins geprellt, es beginnt auch, sich in destruktiven, passiv-aggressiven Mustern auszuleben.

Für die Übungen, die das Rezeptivsein fördern, ist es wesentlich, einen verläßlichen Boden und ein gutes Zentrum zu schaffen; ohne diese bleibt Rezeptivsein etwas Mulmiges und Kraftloses. Wenn Erdung und Zentrum da sind, hat es eine Qualität, die Einflüsse zulassen kann, ohne daß wir unsere Grenzen oder das Selbstwertgefühl aufgeben müssen. Dafür gibt es eine ganze Reihe von einfachen Übungen.

Legen Sie in der nächsten Übung Ihre Hände auf den Körper des Partners, der steht, und verbinden Sie sich aufmerksam mit der Berührung. Seien Sie rezeptiv, eingestellt auf den Austausch in dieser Begegnung. Legen Sie die Hände auf seine Magengegend und lassen Sie ihn Bauch und Zwerchfell entspannen. Diese Übung wird Ihnen helfen, die feinstoffliche Natur und Kraft des Rezeptivseins wahrzunehmen. Die Kiefer loslassen, ist eine andere Möglichkeit, mit derselben Energiequalität in Berührung zu kommen. Es gibt viele Momente, die uns auf eine aufbauende Art mit dem Rezeptivsein in Kontakt bringen: wenn wir zum Beispiel ruhig dasitzen und uns vom Spiel des Lichts oder dem Klang einer Glocke berühren lassen oder wenn wir ein Kunstwerk betrachten oder einfach nur dasitzen.

Und hier ist noch eine weitere Übung (Abb. 13). Stellen Sie sich wieder mit ausgestrecktem Arm hin, wie es vorhin beschrieben wurde. Der Partner soll sich vor Sie hinstellen und von unten das Handgelenk des gestreckten Armes ergreifen. Bleiben Sie entspannt, und lassen Sie den positiven Energiefluß durch den Arm strömen. Der Partner soll Ihnen nun einen Stoß versetzen, wobei Ihr Körper rezeptiv bleibt und den Druck entgegennimmt. Ihr

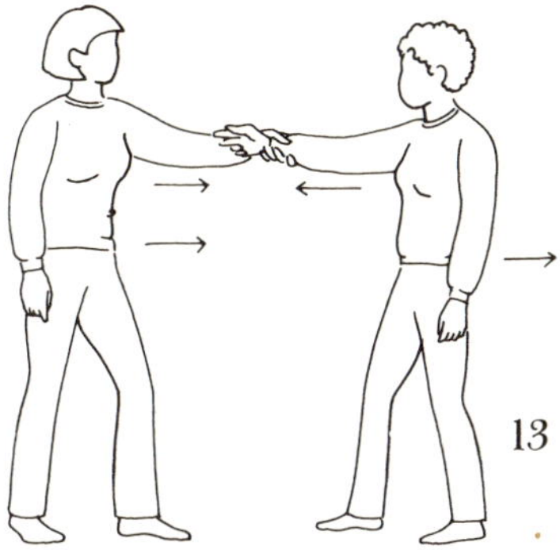

13

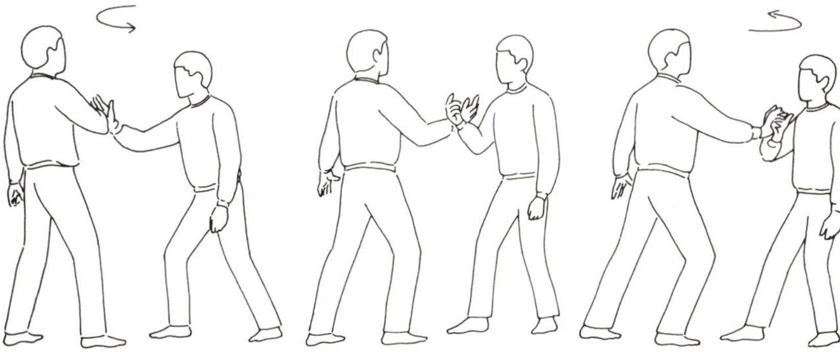

14

Arm sendet weiterhin die positive Energie aus. Lassen Sie also zu, daß Sie durch die Bemühungen des Partners zurückgeschoben werden, doch halten Sie den Arm gestreckt und entspannt. So erfahren Sie, daß Sie rezeptiv sein können, ohne umgeworfen zu werden. Wenn Sie sich in dieser Übung wohl fühlen, soll Sie Ihr Partner nach links und rechts schieben und das Tempo seines Stoßes verändern. Das verfeinert Ihre Fähigkeit, rezeptiv zu sein, ohne Ihr Zentrum und die Erdung zu verlieren.

Mit der T'ai Chi-Übung «Push-hands» kann man zu zweit erfahren, was positiv und rezeptiv sein bedeutet (Abb. 14). Sie stehen sich gegenüber, den rechten Fuß vorgesetzt, die rechte Hand etwas vorgestreckt. Linker und rechter Fuß und linke und rechte Hand bilden jeweils eine Diagonale. Sie berühren einander leicht mit der Außenseite des rechten Handgelenks. Die Hände bleiben offen. Lassen Sie nun Ihre aneinandergelegten Hände horizontal kreisen, als ob Sie gemeinsam etwas in einem großen Kessel umrühren wollten. Beide lenken abwechselnd positive Energie zum andern und empfangen dann die Energie des andern durch die Handgelenke. Wenn Sie mit der positiven Ausdehnung zu stark vordringen, kann Sie der Partner aus dem Zentrum werfen, sind Sie zu rezeptiv im Empfangen der Energie des Partners, wird er Sie ebenfalls aus dem Zentrum werfen. Wenn jeder Partner für sich und beide miteinander im Gleichgewicht sind, kann diese Übung eine gute Basis sein, um die Qualitäten positiv und rezeptiv zu entwickeln.

Offenbar liegt es in unserem Wesen, daß wir entweder mehr zu einem positiven oder zu einem rezeptiven Verhalten neigen. Meistens verlieren wir unser Gleichgewicht dann, wenn diese Vorlieben zur Vermeidung der andern Seite verwendet werden. Wenn man mit diesen Zuständen arbeitet, gelangt man meistens nach einer gewissen Zeit zur Einsicht, daß die Grenze zwischen positiv und rezeptiv sehr subtil ist, daß wir, um wirklich rezeptiv sein zu können, auch positiv sein müssen und umgekehrt. Wenn wir das verstehen, kommen wir der wirklichen Entspannung näher.

Entspannung (rezeptiv)

Über Entspannung zu sprechen, ist so schwierig, wie es wesentlich ist. Während meiner Zeit als Leichtathlet wurde mir immer wieder von Trainern gesagt: «Entspanne dich!», doch sie waren unfähig, mir zu erklären, was Entspannung wirklich ist. Daß Entspannung für das Wachsen und Lernen und die Gesundheit von grundlegender Wichtigkeit ist, steht außer Zweifel. In Worte zu fassen, was es ist, ist beinahe unmöglich. Doch es ist eine Tatsache, daß wir mehr Energie haben und uns mehr freuen können, wenn wir entspannt sind.

Wenn wir sagen, daß wir uns entspannen wollen, meinen wir meistens, daß wir uns gehenlassen wollen und von niemandem gestört werden möchten. Die Entspannung, um die es hier geht, ist ein viel aktiverer Zustand. Sie meint eine dynamische Ruhe der Gedanken, Gefühle, Empfindungen und Handlungen. Es bedeutet, daß wir Geist und Aufmerksamkeit im ganzen Körper klar und wach halten, während wir unseren Muskeln, Geweben und Zellen erlauben, sich aktiv der Schwerkraft hinzugeben. Eine solche Entspannung beinhaltet auch, daß man sich Momente gönnt, in denen man einfach ruhig daliegt oder dasitzt. Dann kann man auch erfahren, daß der Zustand der Entspannung sich in jedem Moment verändert.

Zum besseren Verständnis von Entspannung verhilft uns die Betrachtung der Studien, die Dr. Peter Wolff am Children's Hospital in Boston gemacht hat. Er bezeichnete die «ruhige, wachsame» Verfassung des Kleinkindes als eine Verfassung der Entspannung.*

In diesem Zustand ist das Kind körperlich entspannt, die Augen sind geöffnet und erscheinen «hell und glänzend». Das ruhige, wachsame Kind kann mit Augen und Ohren den Bewegungen folgen, während der Atem normal, rhythmisch und konstant ist. Dr. Wolff behauptet, das Kind sei wachsam, weil es wachsam sein wolle, und nicht, weil es eben aufgewacht sei. Er unterscheidet also zwischen wach sein und wachsam sein. Qualität und Kraft der wachsamen Aufmerksamkeit entstehen in einem entspannten Körper. Wolff betont, daß ein Kind, das wachsam sein will, um einen interessanten Gegenstand zu betrachten, sich erst beruhigt, indem es den vom Schreien aufgewühlten Körper entspannt.

Aus Studien über das Nervensystem ist zu entnehmen, daß die ruhige, wachsame Verfassung dem optimalen Zustand der Formatio reticularis entspricht, einem Bündel von Nervenzellen und -fasern, das die gesamte Hirn-, Muskel- und Organtätigkeit steuert. Die Formatio reticularis reguliert den Muskeltonus, den Gleichgewichtssinn, die Reflexe und die Muskelbereitschaft, die wir aus Streß-Situationen kennen. Diese wiederum beeinflussen die aufrechte Haltung, Stärke, Anmut, Tüchtigkeit und Anpassungsfähigkeit sowie unsere Fähigkeit zu spontanen Reaktionen. Anders gesagt, sie lenken den Bewußtseinsfluß. Das ruhige, wachsame Kind, das entspannt und aufnahmebereit ist, wird vermutlich eine Formatio reticularis entwickeln, die Muskelkraft und -ent-

* P. H. Wolff: «The Development of Attention in Young Infant», Annals of New York Academy of Sciences, N. Y. 1965, S. 815–830.

spannung, einen gesunden Kreislauf in den Organen und geistiges Wachstum fördert.

Im entspannten Zustand der Ruhe und Wachsamkeit ist unsere Aufmerksamkeit in einem Zustand zwischen Schlaf und Überreizung, zwischen Streß und Desinteresse, zwischen emotionaler Reaktion und Gleichgültigkeit. In diesem Gleichgewicht zwischen positiv und rezeptiv sind wir weder hyperaktiv noch schlaff, sondern wachsam und angeregt, wobei der Körper entspannt ist. Wir sind wie das ruhige, wachsame Neugeborene.

Im Aikido wird viel Wert auf Entspannung gelegt. Sie ist die Grundlage für verschiedene Bewegungen. Wenn man auf einen Angriff eingeht, ohne entspannt zu sein, ist man bald in einen Kampf mit dem Angreifer verwickelt. Ist man zu steif, kann die eigene Verteidigung leicht aufgebrochen werden, und wer zu rezeptiv ist, wird einfach überrollt. Wenn uns jemand packt, kann die eigene Entspannung mithelfen, die Aggression des Angreifers zu neutralisieren. Sind wir nicht entspannt, dann verstärkt unsere Panik nur die bereits panikgeladene Situation.

Im Aikido praktizieren wir Bewegungsformen und Übungen, die unsere Entspannungsfähigkeit in verschiedenen Situationen unterstützen, sowohl im Trainingsraum als auch im Alltag. Sobald wir uns selbst entspannen können, sind wir in der Lage, Techniken sehr präzise, kraftvoll und mitfühlend zu benützen. Sind wir selbst angespannt, dann verwenden wir unsere Techniken hastig, grob und angstgeladen. Entspannen heißt, unseren Körper aktiv an der Schwerkraft teilhaben zu lassen, während sich der Geist präsent und lebendig ausbreitet. Wir können uns entweder hier und da um Entspannung bemühen oder sie als ständige Übung und Arbeit an uns selbst auffassen.

Zeitgefühl (rezeptiv)

Als die Kambodschaner in den Flüchtlingslagern ihre Kultur wieder aufzubauen begannen, gaben sie zuerst dem Tanz und der Musik wieder Raum, dann dem Sport, danach den buddhistischen Tempeln und christlichen Kirchen und schließlich den Schulen. Dies ist ein schönes Beispiel für die Bedeutung der Musik und des

Tanzes. Diese zwei Ausdrucksformen finden wir in allen Kulturen wieder. Sie verkörpern die Prinzipien Rhythmus und Zeit.

Viele Geschichten handeln von der uralten Verbindung zwischen Musik und Heilen. Apoll war der Gott des Lichts, der Heilung und der Musik, und sein Sohn Asklepios, Gott der Heilkunst, verschrieb Musik als Mittel gegen das verlorene innere Gleichgewicht. Musik versetzt uns in verschiedene Gemütszustände, und ein Rhythmus oder Takt klingt oft mit einem inneren Puls zusammen, der unsere Reaktionen einheitlich, koordiniert und zeitgerecht geschehen lassen will. Von einer solchen Reaktion läßt sich sagen, sie geschieht am richtigen Ort und zur rechten Zeit.

Das Zeitgefühl ist da, wenn wir geschickt einem Angriff aus dem Weg gehen. Wir hinken weder hinter uns her, noch eilen wir voraus. Ein solches Zeitgefühl besteht, wenn unsere Handlungen die richtige Antwort auf die Jetztsituation sind und wir dabei mit unserem inneren Rhythmus in Einklang sind. Man kann es nicht üben oder im voraus planen, es entsteht aus dem instinktiven Körperwissen heraus. Es ist ein Wissen aus einer tieferen Schicht, feinstofflicher als Logik, Vernunft oder Intellekt. Wenn wir auf der Straße gehen und plötzlich, ohne zu wissen, was wir tun, einem rücksichtslosen Fahrer aus dem Weg springen, dann ist das Zeitgefühl. Wenn wir plötzlich, ohne zu wissen warum, einen neuen Heimweg einschlagen und später erfahren, daß sich auf dem bisher üblichen Weg ein schlimmer Verkehrsunfall ereignet hat, dann hat das mit Zeitgefühl zu tun. Es gibt keine vernünftige Erklärung für diese Art Zeitgefühl; da war einfach ein innerer Impuls, der uns zur rechten Zeit an den rechten Ort brachte. Es sind unerklärliche Phänomene, doch wir spüren ihre Kraft und ihre Weisheit.

Die folgende Übung beschäftigt sich mit Rhythmus und Zeitgefühl. Setzen Sie sich auf einen Stuhl und zentrieren und erden Sie sich. Nehmen Sie sich vor, daß Sie irgendwann in den nächsten drei Minuten aufstehen werden. Die Übung besteht darin, sich im Innern niederzulassen und mit der Instanz in Fühlung zu kommen, die sagt: «Jetzt ist es Zeit zum Aufstehen.» Unterscheiden Sie zwischen Kopfbotschaften, die sich etwa so anhören: «Du solltest jetzt aufstehen», und Körpersignalen aus der Tiefe. Jedermann hat andere Signale. Es kann ein Impuls sein, ein Ton, ein Gefühl der

Richtigkeit, eine Art Bewegung oder veränderte Schwingungen. Wiederholen Sie die Übung mehrmals und spüren Sie, welche Teile in Ihnen mitteilen, daß es Zeit ist zum Handeln.

Dann stellen Sie sich zentriert und geerdet neben ein großes Kissen. Nehmen Sie sich vor, daß Sie in den nächsten fünf Minuten über das Kissen springen werden. Nun lassen Sie sich wieder in sich nieder, beachten Sie Ihren anfänglichen Drang zu reagieren und vorzeitig zu springen, warten Sie aber so lange, bis das Signal von innen kommt und springen Sie erst dann. Als letzte Stufe dieser Übung stellen Sie sich neben eine niedrige Bank. Sie sollen auf die Bank springen, wenn es Zeit ist. Wenn Sie nun die ganze Übung – vom Aufstehen zum Kissen zur Bank – durchgemacht haben, werden Sie merken, daß Druck und Verantwortung steigen. Beobachten Sie, wie sich verstärkter Druck auf Ihre Wartezeit auswirkt. Achten Sie auch auf das Gleichgewicht zwischen der Versuchung, so tief in sich einzutauchen, daß Sie den Moment zum Reagieren verpassen und dem voreiligen Aufspringen und zu frühen Handeln. Hören Sie gut auf Ihre innere Stimme, so daß zwischen dem Signal und der Handlung möglichst wenig Zeit verstreicht. Das wird noch zusätzlich die Beziehung zwischen Impuls und Handlung verfeinern.

Viele Menschen stehen zwar in Kontakt mit ihren Wünschen und Bedürfnissen, doch wissen sie nicht darauf zu reagieren. Sie erhalten die Botschaft, doch anstatt zu handeln, analysieren sie sie zu Tode. Andere dagegen sind ständig in Aktion, doch fehlt ihnen die Verbindung zum Impuls, der die Handlung auslöst. Gelingt es uns, Impuls und Handlung zusammenzubringen, indem wir das innere Zeitgefühl und den inneren Rhythmus beachten, dann haben wir unsere Verbindung zur inneren und zur äußeren Welt integriert.

Gefahren

Leute, die sich auf die Stufe des sinnvollen Handelns spezialisiert haben, berichten häufig von Phänomenen wie Aura und Energiefelder sehen und lesen können, oder daß sich ihnen plötzlich neue psychische Potentiale oder außergewöhnliche Heilkräfte erschlossen haben. Menschen, die sich mit Tanz, Theater oder den Kampfkünsten beschäftigen, entwickeln oft die Fähigkeit, den nächsten Schritt des Gegners vorauszusehen, und können dann spontan und brilliant reagieren. Das sind wichtige und reiche Erfahrungen, doch sie können auch kleine, isolierte Tümpel werden, die abseits vom großen Strom des Lebens stehen. Wenn wir uns zu sehr auf diese Kräfte einlassen, mögen wir zwar ein gewisses Ansehen erreichen, aber wir können auch ins Abseits geraten, bevor unsere Wandlung abgeschlossen ist. Die erlangte Macht geht auf Kosten einer ganzheitlicheren Integration unserer selbst.

Wir brauchen keine Angst vor diesen Fähigkeiten zu haben. Wir müssen ihnen auch nicht aus dem Weg gehen. Doch wir sollten ihre Verführungskraft kennen und vorsichtig sein, damit sich unser Ego nicht so sehr mit ihnen identifiziert, daß es uns aus der Bahn wirft. Es ist möglich, zu solchen Kräften zu kommen, ohne weiter zur eigenen Ganzheit vorzustoßen. Sie können unser Wachstum sogar behindern. Wenn sie aus dem natürlichen Fluß unseres Lebens heraus entstanden sind und unseren Bedürfnissen entsprechen, dann sollten wir sie nach unserem besten Vermögen benützen. Wenn wir allerdings damit andere beherrschen und lenken wollen oder uns davon persönlichen Ruhm versprechen, erschweren wir uns selbst den Weg in die Ganzheit.

Vereinigung

Auf das sinnvolle Handeln folgt die Stufe der Vereinigung mit unserer Wandlung. Wir verkörpern nun die Wandlung so weit, daß wir nicht mehr von ihr getrennt sind: wir sind die Wandlung. Der Wandel ist vollzogen, und wir sind nun, ohne zu zögern oder zu urteilen, Kanal für die Energie, die durch uns hindurchströmt. Wir empfinden Freude, gemischt mit Ehrfurcht, fest auf unseren Füßen zu stehen und die Vereinigung mit uns selbst und der Situation zu feiern.

Vereinigung unterscheidet sich grundsätzlich von den anderen Stufen, da sie mehr ein Zustand als ein bewußtes Handeln ist. Sie ist nicht leicht zu beschreiben, weil wir uns in diesem Zustand nicht eigentlich selbst beobachten. Aufmerksamkeit ist zwar vorhanden, doch ist sie sich ihrer selbst nicht bewußt. Wir sind in diesem Zustand eine Art Übermittler oder Kanal für die Energie, die gleichzeitig unser Innerstes und die Welt berührt.

Sobald wir jedoch über uns nachdenken, über unsere Handlungen sprechen oder einen gedanklichen Kartengruß nach dem Motto: «Hallo, mir geht's blendend!» in die Welt schicken, trennen wir uns von diesem Zustand und von unserem Energiestrom. In der Vereinigung beobachten wir uns nicht und denken nicht über unsere Handlungen nach. In der Vereinigung überlassen wir uns ganz dem Energiestrom in uns. Wir geben uns hin. Wir sind voll und ganz unser eigener Ausdruck. Wenn wir Liebe ausdrücken, sind wir verkörperte Liebe; wenn wir traurig sind, sind wir verkörperte Trauer; und wenn wir die Hand ausstrecken, dann geschieht es ohne Rückhalt oder Urteil – wir sind physisch, gefühlsmäßig, intellektuell und geistig das Handausstrecken geworden.

Bis dahin hat unsere körperliche Teilnahme am Wandel darin bestanden, Gefühl und Wahrnehmung zu vertiefen und zu schärfen. Unsere Fertigkeiten haben nun ihr volles Potential erreicht. Es gilt nun, die Struktur loszulassen und mit ihrem Zweck Fühlung aufzunehmen.

Stellen Sie sich jemanden vor, der sich auf einen Marathonlauf vorbereitet. Die Monate der Vorbereitung auf das Rennen stellen die Struktur dar, in der sich der Läufer Ausdauer, die Anwendung von verschiedenen Techniken und Stilen, eine Strategie, das optimale Tempo usw. aneignet. Dieses vorbereitende Training, das den Weg durch die Wandlung darstellt, ist die Brücke, die den Läufer zum Tag des Marathons geleitet. Qualität und Prinzipien dieser Brücke helfen ihm, das Intervall zwischen der Marathon-Vorbereitung und dem Startschuß zu überbrücken. Während des Marathons muß er die Brücke loslassen und sich voll auf den Lauf konzentrieren. Das heißt, daß er mit dem, was er geübt hat, nun vereint sein muß, denn nun übt er nicht mehr. Er sollte das Geübte verkörpern. Wenn die Elemente der Brücke wirklich in ihn eingegangen sind, wird sein Training auch durchdringen, während er sich komplett auf das Laufen konzentriert.

Auf dieser Stufe geht es nicht mehr um Prinzipien, denn der Zustand der Vereinigung ist die Vollendung all dessen, was wir bis jetzt behandelt haben. Wir werden weiter unten trotzdem noch von Übungen sprechen, auch wenn es auf dieser Stufe nicht darum geht, etwas Besonderes zu üben oder zu erreichen. Hier erlauben wir uns einfach, uns von dem, was wir in Bewegung gebracht haben, bewegen zu lassen. Wir sind der Kanal für eine Energie, die das, was wir in diesem Moment sind, in seiner Ganzheit enthält.

Lehrer, denen das Verständnis für diesen Zustand fehlt, unterbrechen oft ein Kind, das in seiner Arbeit oder in seinem Spiel Vereinigung erfährt. Diese Lehrer oder auch wir Eltern stellen oft Fragen oder prüfen nach, ob wir mit der Erfahrung des Kindes einverstanden sind. Damit unterbrechen wir die Konzentration des Kindes. Wir dürfen nicht vergessen, daß das Kind oder der Schüler in dieser Verfassung ohne jegliche Unsicherheit und ohne zu urteilen handelt. Der Schüler lernt dann nicht, weil er sich etwas einpauken will oder weil er versuchen will, sich etwas anzueignen, sondern weil er ganz eins mit dem Stoff ist. Weil er eins ist mit seiner Beschäftigung, ist er auch eins mit dem Stoff, den er gerade studiert. Der Schüler ist dann gewissermaßen zugleich das Labor, der Lernstoff und das Ergebnis.

Der Zustand der Vereinigung hilft uns auch, uns an unsere spirituelle Natur zu erinnern; in ihm werden Gefühle wie Ehrfurcht, Wunder, Freude, Sinn und Zweck angesprochen. Wir spüren unser Bedürfnis nach dem, was größer und universeller ist als unsere Egospiele des Kampfs, der Manipulation und Macht. Vereinigung ist mehr als eine bloße Idee von unserer spirituellen Natur. Sie ist eine Körpererfahrung, die sich als Direktheit und Offenheit in unseren Alltag überträgt. Wenn wir in einem Zustand der Vereinigung sind, sind die Vorgänge in unseren Zellen, unsere Handlungen und Gedanken rhythmisch im Einklang mit einer höheren Ordnung.

Da wir im Einklang mit unserem Körper handeln, werden wir nicht von unserer spirituellen Inspiration weggetragen. Wir können die geistigen Qualitäten im Hier und Jetzt des Körpers ausdrücken. Wir haben keine ritualisierte Lebensform nötig, wir brauchen uns nicht von der Welt zurückzuziehen, und wir haben keinen

Anlaß, besondere Kleider zu tragen oder auf eine bestimmte Art zu handeln. Wenn wir uns in das, was wir tun, hineingeben, öffnen wir ganz natürlich die Tore zum universelleren Teil unseres Wesens. Was wir üben können ist, einfach offen zu sein und unsere Erregungskraft durch uns fließen zu lassen, während wir im Austausch mit der Welt stehen.

Auf dieser Stufe geht es um ein Lernen, das tiefer und integrierter ist als das Ansammeln von kognitivem Wissen oder intellektuelles Verständnis. Dieses Wissen stellt sich innen ein. Alle bis jetzt besprochenen Stufen und Zustände waren eine Vorbereitung auf diese Ganzheit. Doch Vereinigung stellt sich zu ihrer eigenen Zeit ein, man kann sie nicht wirklich beeinflussen. Bis zu diesem Punkt haben wir gegeben, was wir konnten, qualitativ und quantitativ, nun geht es um die Hingabe an die Energie, die uns durchströmt.

Ein Musiker, den ich Arthur nennen will, machte in seiner Arbeit eine Wandlung durch, die den Zustand der Vereinigung mit seinem besonderen Potential und seinen Schwierigkeiten anschaulich beschreibt.

Arthur

Arthur ist ein virtuoser Musiker, der gerade am Anfang seiner Karriere stand, als ich ihn traf. Er hatte bis dahin in vielen Bands und mit verschiedenen Musikern gespielt und war nun dabei, sich als eigenständiger Musiker einen Namen zu machen. Er sagte: «Die Leute bezahlen nun Eintritt, um mich zu sehen; und nicht mehr, um einen Musiker zu sehen, mit dem ich spiele. Sie kommen wegen mir, wegen meiner Musik.» Darauf hatte er natürlich hingearbeitet. Doch der erreichte Erfolg forderte auch seinen Preis. Seit er im Rampenlicht stand, war er plötzlich verkrampft und ängstlich. Er lebte in einem chronischen Angstzustand, der sich zuspitzte, wenn er auftreten sollte. Es fiel ihm so schwer, mit dieser Angst umzugehen, daß er schließlich zur Droge griff und immer mehr an sich zu zweifeln begann.

Am Anfang unserer gemeinsamen Arbeit schuf sich Arthur

Boden und Zentrum, die ihm erlaubten, die Möglichkeiten und die Qualität seiner Erregungskraft zu erfahren. Zuerst lernte er die Muskelhaltung kennen, die seiner erworbenen Tendenz entsprach, und begann dann, die Erregungskraft seiner Neurose zu nutzen, um sich selbst beweglicher und besser verankert neu zu gestalten. Manchmal arbeiteten wir direkt mit seinem Körper und Atem; dann wieder übte er das Zentrieren, das Erden, Vermischen und Entspannen. Er lernte auch, aus der Angst heraus wieder ins Gleichgewicht zu kommen. Da Arthurs Zukunft vom Fortgang seines Prozesses abhing, war er ein williger Schüler und übertrug die Übungen in seinen Alltag. Nach einigen Monaten war seine alles beherrschende Angst kleiner geworden, und er wagte sich ohne Drogen an seine Auftritte und Proben heran.

Als Arthur nun ohne Drogen, aber auch ohne den lähmenden Griff der Angst aufzutreten begann, merkte er, daß seinem Spiel etwas fehlte. An seiner Technik gab es zwar nichts auszusetzen, doch fehlte das gewisse Etwas, das immer seinen Stil ausgemacht hatte. Etwas hatte er verloren. Er war steif und verhalten. Er war so eifrig damit beschäftigt, sich zu erden, zu zentrieren und zu vermischen, um seine Erregungskraft aufrechtzuerhalten, daß er ganz steif wurde. Er war zwar ruhiger, doch er gestaltete seine Ruhe allzu absehbar. Er spielte perfekt Geige und Saxophon, doch ging sein Spiel nicht unter die Haut. Arthur war jetzt nicht mehr so sehr der Sklave seiner Angst, doch er fühlte auch seine Erregungskraft viel weniger. «Es fehlt der Spaß», pflegte er zu sagen.

Arthur hatte den Zugang zu seinem kreativen Unbewußten durch Anstrengung und Willen verstopft. Der Zustand der Vereinigung konnte sich nie wirklich einstellen, da Arthur zu sehr damit beschäftigt war, an sich zu arbeiten und am Ball zu bleiben. Daher konnte in seinem Spiel sein Geist gar nicht durchdringen, und es hatte weder Würze noch Spontaneität. Anstatt auf der Bühne loszulassen und seiner Körperweisheit zu vertrauen, übte er weiter. Das war Gift für seinen künstlerischen Ausdruck.

Mit dieser Einsicht begann er nun zu versuchen, seine bewußte Anstrengung während des Auftritts aufzugeben. Die Schwierigkeiten, die dabei auftraten, sind sicher vielen von uns bekannt. Er ließ zwar die Vereinigung mit seiner Musik zu, tauchte dann aber plötzlich aus diesem Zustand auf mit Reflexionen wie: «Toll, schaut, wie ich spiele!» oder «Bin das wirklich ich?» oder «Das ist zu intensiv; ich weiß nicht, ob ich hier am richtigen Platz bin.» Manchmal sagte er diese Dinge, und manchmal waren sie einfach an seinem Ausdruck und seiner Haltung abzulesen. Jedesmal riß er sich damit aus dem Zustand der musikalischen Vereinigung heraus.

Als er dieses Muster verstanden hatte, beschloß Arthur, sich das Üben und Fragen bis nach der Vorstellung aufzusparen. Er nahm sich vor, während der Vorstellung nichts anderes mehr zu tun als zu sein. Nach der Vorstellung wollte er seine Auftritte mit mir besprechen, doch während des Auftritts sich ganz auf die Musik und das Spiel konzentrieren. Da er nun den Zeitpunkt für die Reflexion festgelegt hatte, fühlte er sich freier und konnte sich öffnen und sich während des Auftritts vom Geist seiner Musik durchfließen lassen.

Durch eine einfache Übung lernte Arthur, im Zustand der musikalischen Vereinigung zu verweilen und gleichzeitig trotz Lampenfieber zentriert und geerdet zu bleiben. Er nahm die Körperhaltung des verängstigten Arthurs ein und ließ sich Zeit, um Ausdruck, Haltung und Qualität der entsprechenden Erregungskraft zu erleben. Dann trat er einen Schritt zurück und schlüpfte in den Arthur, der sich mit dem Prozeß seiner Erregungskraft und nicht mit deren Inhalt identifizierte. Das war der Arthur, der sich spürte, der sich zentrieren, erden und entspannen konnte. Er nahm sich Zeit, auch die Eigenschaften dieses Arthurs zu erfahren. Danach trat er noch einen Schritt zurück und fühlte sich in den Arthur ein, der ganzheitlich mit dem Dasein verbunden war. Das war weder der ängstliche Arthur noch der, der sich zentrierte, sondern der Arthur, der eins war mit seiner Erfahrung.

Bei jedem einzelnen Schritt fragte er sich: Wie fühlt sich meine Energie in dieser Gestalt an? Was steht im Vordergrund meiner Aufmerksamkeit? Was nehme ich am stärksten wahr?

Dann wiederholte er die Schritte und spielte dazu Geige. Zuerst spielte er wie der ängstliche Arthur, dann wie der zentrierte, geerdete Arthur, der sich mit der Situation vereinigte und bewußt positiv oder rezeptiv war. Und zuletzt im dritten Schritt spielte er wie der Arthur, der sich weder mit der Angst noch mit den Prinzipien des Körpererlebens identifizierte. Er spielte nun mit einer Hingabe und Leidenschaft, die seiner langjährigen Erfahrung Ehre erwiesen.

Durch diese Übung konnte Arthur immer wieder erfahren, wo und wie er seine Aufmerksamkeit und Energie einsetzte. Er erkannte auch, daß er zwischen den verschiedenen Zuständen wählen konnte. Und da er sein Musikspiel als Metapher verstand, war er auch fähig, seine Erkenntnisse auf sein übriges Leben zu übertragen. Ein Jahr nach diesen Sitzungen sagte Arthur, er habe den Eindruck, die Arbeit sei integriert. «Ich habe nicht nur Erfolg», meinte er, «ich habe auch viel Spaß dabei.»

Arthurs Beispiel mag uns daran erinnern, daß wir uns auch zu eifrig vorbereiten können. Schließlich ist das Leben da, um gelebt zu werden, und nicht zum Üben. Damit sich unsere Kreativität voll entfalten kann, müssen wir zulassen, daß unser Unbewußtes offen und verfügbar ist. Das heißt aber, daß wir zuerst unsere Schattenseiten kennenlernen müssen, um dann irgendwann einfach unseren Absichten und der Energie, die alles Leben schafft, zu vertrauen.

Das ist paradoxerweise der Zeitpunkt, um von der persönlichen Disziplin zu sprechen. Ich sage paradoxerweise, weil der Zustand der Vereinigung jenseits des Übens liegt; trotzdem hängt die Fähigkeit, diesen Zustand zu erhalten, weitgehend von einer persönlichen Disziplin ab. Vereinigung ist eigentlich das Resultat einer persönlichen Disziplin. Die nachfolgenden Abschnitte sollen den Zusammenhang deutlich machen, der zwischen dem Praktizieren einer Disziplin und dem Zustand der Vereinigung besteht.

Disziplin

Dank ihrer Fähigkeit, sich Veränderungen anzupassen, hat sich die menschliche Rasse entwickelt und ist stark geworden. Eine andere Art, die Evolution fortzusetzen, besteht darin, mutig einen ehrlichen, tiefen Blick in unsere eigene Natur zu werfen. Es ist wohl eine der größten Herausforderungen an den Menschen, die Beziehung zwischen Geist und Körper zu untersuchen, und dies können wir tun, indem wir eine Disziplin in unser Leben integrieren. Disziplin in diesem Sinn hat nichts mit Zwang zu tun, sondern mit der Art, wie wir unser Leben gestalten. Wir müssen bereit sein, Interesse, Aufrichtigkeit und Offenheit unserem inneren Wesen gegenüber aufzubringen. Das Erwachen, das eine solche Disziplin auslösen kann, deckt unsere gewaltigen Lern- und Anpassungsfähigkeiten auf. Der Körper ist das Vehikel für diese Reise, und wenn es uns gelingt, ein offenes Ohr für seine Botschaften zu haben, werden wir sanft mit uns selbst und mit anderen umgehen können.

Disziplin nennt man das tägliche Ausführen bestimmter Übungen, und zwar nicht, um vor etwas davonzurennen oder um eine Fertigkeit zu verbessern, sondern einfach, um auf diese Art abseits von der Hektik des Alltags mit sich zu sein. Es ist kein Ersatz für das Leben, eher eine Möglichkeit, in Ruhe über uns selbst nachzudenken. So gesehen dient eine Disziplin nicht dazu, innere Spannungen abzubauen, damit sich Ruhe einstellen kann. Sie zwingt uns im Gegenteil, uns dieser Spannung zu stellen und vielleicht sogar auf ihr aufzubauen, ähnlich einem Ingenieur, der einen Bogen stärker belastet, damit sich die einzelnen Teile zur Einheit verbinden.

Viele Übungsformen bieten sich an: Sitzen, Singen, Kampfkünste, Bewegung, Tanz, Wandern, Yoga. Wir haben natürliche Vorlieben für die eine oder andere Form. Es ist von Vorteil, einen guten Lehrer zu haben, einen, der den Weg, den wir uns vorgenommen haben, schon gegangen ist.

Es ist auch wichtig, frisch und offen an das Üben heranzugehen und unserm Innersten zu erlauben, die Hektik unseres modernen Alltags hinter sich zu lassen. Wenn wir regelmäßig eine Disziplin ausüben, ist es uns möglich, inmitten unserer heutigen haltlosen und angsterfüllten Welt an dem teilzuhaben, was den Kern und Sinn unseres Daseins ausmacht.

Gefahren

Wenn die Sehnsucht nach oder die Erfahrung der Vereinigung nicht wirklich im Körper verankert ist, beginnen wir Verantwortung, Bindung und Intimität auszuweichen. Sobald wir das Körperleben vom spirituellen Leben trennen, schneiden wir uns vom

Leben selbst ab. Wenn das geschieht, trennen wir uns auch von unseren Mitmenschen und beginnen, sie für Dinge zu verurteilen, die wir an uns selbst nicht mögen. Spiritualität, als Schutzschild gegen unsere Verletzlichkeit und Unsicherheiten verwendet, verhindert, daß Kontakt und Sexualität ihren Zweck erfüllen können. Spiritualität als körperliche und energetische Erfahrung ist eine Erfahrung der Freude und Leidenschaft. Es ist nicht nötig, besondere Kleider zu tragen, demütig zu handeln oder so zu tun, als hätten wir keinen Schatten. Indem wir den Körper in unsere kosmologischen Sehnsüchte einbeziehen, lassen wir zu, daß das Meer der Erregungskraft unsere Handlungen in der Welt gestaltet und kanalisiert.

Auf dieser Stufe besteht auch die Gefahr, die Realität aus den Augen zu verlieren. Das tritt ein, wenn wir uns an die Erfahrung der Vereinigung klammern, sie festhalten wollen, indem wir sie dauernd vortäuschen. Leute, die das tun, lassen die ordinären Dinge der Welt nicht an sich herankommen. Sie schweben dauernd auf einer Wolke, abgehoben vom Alltagsgeschehen, und vergessen, daß wir alle aufs Klo müssen. Sie möchten am liebsten, nur um sich nicht die Füße dreckig zu machen, über den Hühnerhof fliegen, anstatt hindurchzugehen. Bloß weil sie ein spirituelles Erlebnis gehabt haben, glauben sie, sie brauchten sich nie wieder auf der Erde zu bewegen. Doch Leben im Körper bedeutet, daß wir unsere spirituellen Werte mit den Füßen auf dem Boden verwirklichen.

Die hier angeregten Möglichkeiten und Formen, um unseren Weg durch Zeiten des Umbruchs zu bewältigen, sind lediglich Werkzeuge. Sie helfen uns, Hindernisse und Verwirrung im Leben zu überwinden. Sobald sich diese Hindernisse auflösen, wird ein großes Potential an Präsenz und Kontaktfähigkeit zu andern und der Umgebung frei. Das folgende Kapitel wird zeigen, wie sich Präsenz und Kontakt aus dem Leben im Körper entwickeln.

Mitteilen und Weitergeben

Präsenz und Kontakt

«Jedes Mittel ist nur ein plumpes Werkzeug,
solange nicht ein lebendiger Geist dahintersteckt.»
Albert Einstein

Für ein paar Jahre waren mir die Freude und das Glück beschieden, bei Dr. Randolph Stone zu lernen. Er war Osteopath, Chiropraktiker und Naturheilkundiger, aber auch ein großartiger Mensch und ein kraftvoller Heiler. Er hat aus seinen Arbeitserfahrungen ein komplexes Behandlungssystem entwickelt, das er Polarity Therapy nannte. Er war ein rundlicher, herzensguter Mensch, doch er konnte auch scharf und schneidend sein wie ein Dolchstoß, der geradewegs zum Kern der Dinge vordringt. Er verfügte über einen unerschöpflichen Schatz an Wissen und Techniken, die er freizügig jedermann weitergab, der offen genug war, von seinem Reichtum zu kosten. Das war nicht immer leicht, denn er war ein Ausbund an Energie; selbst in seinen achtziger Jahren war er unermüdlich in seinem Bemühen, anderen zu helfen. Ich erinnere mich, daß er mich einmal sehr erschreckte, als er sehr rasch den sicheren Schutz eines Felsenkliffs verließ und hinaus ins offene Meer schwamm. Als ich ihn eingeholt hatte, kehrte er wieder um, und kaum am Ufer angelangt, begann er gleich über Energieströme, eines seiner Lieblingsthemen, zu referieren. Ich war so erschöpft, daß ich ihn wegen meines eigenen Schnaufens kaum hörte.

Doch obwohl sein Wissen und Können gewaltig waren, machten mir doch seine Präsenz und die Art seiner Kontaktnahme am meisten Eindruck. Er behandelte jeden anders und doch jeden gleich. Er besaß ein natürliches, unverfälschtes Mitgefühl, das alle gleich werden ließ, und dennoch sah er jeden als das, was er war. Dr. Stone spielte sich in keiner Art und Weise auf, doch fast alle Patienten, die ich sah, waren beeindruckt von seiner gewaltigen Liebe und Zuwendung. Mir ging es ebenfalls so. Seine Präsenz berührte die Menschen und war die Grundlage für seine Heilkraft, nicht seine Techniken. Vor allem ein Ereignis steigt vor mir auf, wenn ich an die Wirkkraft seiner Präsenz und seines Kontakts denke. Am Ende eines Tagesseminars über die Behandlung von Privatpatienten (er pflegte immer nach den hoffnungslosesten, «unheilbaren» Fällen zu fragen) fuhr ein Lieferwagen mit einem jungen Mann vor, der sich vor zwei Jahren bei einem Kopfsprung in ein flaches Gewässer das Genick gebrochen hatte. Er war vom Hals an abwärts gelähmt und wog nun, nach zweijähriger Bewegungslosigkeit, 120 kg. Man hievte ihn an einer großen Schlinge aus dem Wagen, und wir mußten den riesigen, plumpen Körper zu viert das Sträßchen hinuntertragen. Alles an diesem Mann schien grau und tot. Er war nicht leblos, doch er strahlte Bitterkeit und Härte aus. Er sah nichts, wofür es sich zu leben gelohnt hätte, und er war entsetzlich wütend. Ich wich zurück, und ich sah, daß die anderen das gleiche taten. Während wir ihn auf dem Tisch zurechtbetteten, wandten wir uns alle weg und starrten auf den Boden, der unter der Last unserer Schuld- und Betretenheitsgefühle fast einbrach.

Endlich kam Dr. Stone aus dem anderen Zimmer herüber, leise vor sich hin summend, wie er das oft tat. Er legte seine großen Hände auf den Mann und sagte in die Runde: «Nun, was haben wir hier?» Ich war überwältigt. Er war entspannt und präsent, so anders als wir alle, daß er von einem andern Stern zu kommen schien. Doch in Tat und Wahrheit war er in diesem Moment viel mehr auf diesem Planeten als wir alle. Er stand neben diesem gewaltigen, verletzten Mann, die Hände auf dessen Brust, und blickte aufmerksam in die grimmigen Augen. Er sah den Schmerz und die Negativität, doch er blieb nicht daran hängen wie wir alle. Es war, als könne er durch die Bitterkeit hindurch in einen Teil schauen, in dem immer noch Licht und Inspiration herrschten. Dieser Teil war winzig klein, so klein, daß sich außer Dr. Stone niemand hinwagte. Mit diesem Pünktchen Leben begann nun

Dr. Stone zu kommunizieren. Es war, als ob er diesen Lebensfunken mit einem unausgesprochenen, gewaltigen «JA» befächerte. Nach einigen Minuten brach er plötzlich die Stille. «Wir müssen die Energien in Fluß bringen», sagte er, und seine Hände machten eine weite, schwingende Geste von der Decke bis zum Boden hinunter.

In der folgenden Stunde behandelte er den Mann und zeigte uns verschiedene zusätzliche Druckpunkte. Wir waren die Arbeitsbienen, die eifrig der Königin dienten. Im Mittelpunkt all dieser Aktivitäten stand jedoch weiterhin die unbeirrbare, lebensspendende Präsenz von Dr. Stone. Was immer er tat, seine Berührung, sein Blick, seine Bewegungen, seine Worte, alles vermittelte ein gigantisches «JA» zum Leben. Wir andern fuhren fort, herumzueilen und seinen Anweisungen entsprechend dies und das zu tun. Doch wir wurden alle berührt von der Energie, die im Raum entstand.

Dr. Stone hörte nicht auf, sein unerschütterliches «JA» zu senden, und langsam, zuerst unmerklich, vollzog sich eine Wandlung in dem jungen Patienten. Er wurde weicher und begann, auf den Blick und die Ermutigung von Dr. Stone zu reagieren. Ich weiß nicht, was in dem jungen Mann vorging, als Dr. Stone in sein weiches, schwammiges Gesicht und die grimmigen Augen schaute, doch er machte den Eindruck eines Babys, das der Mutter ins Gesicht schaut. Er hatte sich mit etwas in Dr. Stones Gesicht verbunden, das ihn nährte. Dann platzte plötzlich die dröhnende Stimme von Dr. Stone in die Ruhe: «Heb die Arme hoch!» Wir hielten alle inne. Dr. Stone, der sich nicht von dem Mann abwandte, hieß uns weitermachen. Und dann ertönte nochmal: «Heb die Arme hoch!» Die Luft im Raum knisterte. Unser aller «JA» schien nun zu einer einzigen Lebensbejahung zu verschmelzen.

Und der Mann bewegte die Finger, die Hand und dann ein wenig seinen Arm. Ich merkte, daß ich den Atem angehalten hatte. Wir schauten uns alle voll Verwunderung an. Dann sagte Dr. Stone sachlich, aber auch mit leichtem Triumph: «Man muß die Energien in Fluß bringen. Man muß durch die Symptome hindurch zum Kern der Sache vordringen.» Seine großen Hände wiederholten den Schwung von der Decke zum Boden.

Die Wissenschaftler unter meinen Freunden schütteln jedesmal den Kopf, wenn ich ihnen diese Geschichte erzähle, doch ich und andere waren dabei und haben es gesehen. Ich habe es immer als Privileg empfunden, daß ich einen so tiefen, einfachen und lebensspendenden Akt miterleben durfte. Er bestätigte mir etwas, was ich eigentlich schon lange wußte, doch nie bewußt zugelassen hatte: daß es nicht so sehr die Methode oder das System sind, die das Unmögliche möglich machen, sondern die Qualität der Präsenz und des Kontakts. Die Leute, die mich tief berührt und mein Leben verwandelt haben, haben dies stets durch ihre Präsenz getan. Allen Menschen, die einen tiefen, anhaltenden Eindruck in meinem Leben hinterlassen haben – angefangen beim Grundschullehrer bis zum Marinekorporal, meiner Großmutter, einem Meditationslehrer, einem Sensei des Aikido, einem Therapeuten –, war gemeinsam, daß sie ihren Geist, ihr wahres Sein ausgreifen und meinen Geist berühren ließen. Jener Tag mit Dr. Stone, der mich die gewaltige Kraft der Präsenz erleben und erkennen ließ, wurde zum Markstein in meiner Arbeit und in meinem Leben und hat das, was an der Lomi School und im Tamalpais Aikido Institute unterrichtet wird, entscheidend beeinflußt.

Bevor ich fortfahre, muß ich eingestehen, wie schwierig es ist, Kontakt und Präsenz überhaupt zu definieren. Wir können sie erfahren, wir können sie bei anderen wahrnehmen und wir können davon berührt werden, doch weil sie von vorsprachlicher Natur sind, sind sie mit Worten kaum erfaßbar. Präsenz und Kontakt sollten die Grundlage aller heilenden und erzieherischen Berufe sein. Ihre Kraft liegt in der Erfahrung, die sie vermitteln. Sie kann auf nichts Bestimmtes festgenagelt werden. Ihre Anziehungskraft rührt daher, daß sie direkt zum Herzen dringen. Sie sind die Sprache des Herzens. Kontakt, der aus einer vollständig körpergewordenen Präsenz heraus entsteht, vermittelt den Wesenskern des Lebens. Sie sind im tiefsten Sinne Stimme und Ausdruck des menschlichen Geistes. Über Kontakt und Präsenz zu schreiben, ist ein Versuch, eine grundsätzlich nonverbale Erfahrung in Worte zu fassen. Um diese Elemente des Körperwissens zu verstehen, müssen wir das logische, folgerichtige Denken abschütteln und mit dem Körper und einem offenen Herzen hinhören.

Im Kontakt liegt Heilkraft. Eine tiefempfundene energetische Präsenz hat die Kraft, Bruchstückhaftes zusammenzubringen, Chaotisches zu klären und zu harmonisieren. Echter Kontakt bringt die aufbauenden und guten Teile des Geistes ans Licht. Er inspiriert uns, das eigene Leben und das Leben rund um uns mehr zu schätzen. Ohne Präsenz und Kontakt sind unsere Handlungen flach und mechanisch. Das will nicht heißen, daß Techniken unwichtig sind, doch sie sind nur in dem Maß wirksam, als sie uns mit der Lebensenergie verbinden und sie kanalisieren, die uns Botschaften sendet, heilt und stärkt.

Dr. Stone kannte unglaublich viele Techniken und Theorien, doch sein Reichtum lag in der Präsenz, die er jeder Situation entgegenbrachte. Jahrzehntelang war er in der ganzen Welt herumgereist und allen Heilern und Systemen nachgegangen, die ihm etwas zu versprechen schienen. Doch es war keineswegs dieses Wissen, das ihn zum guten Lehrer und Heiler machte; und er war der erste, der das zugab. Er sagte oft, was er tue, sei sehr einfach. «Man braucht nur die Energien in Fluß zu bringen. Man muß durch das Problem und die Symptome zur Quelle der Dinge vorstoßen», pflegte er zu sagen, während seine großen Hände die Luft vor sich glätteten und formten. Manchmal, wenn er das vor einem Publikum von Medizinern tat, wurden der Dr. phil. in mir und der Dr. med. in meinem Freund und Kollegen Robert Hall verlegen und erröteten. Doch tief drinnen wußten wir, daß er die Wahrheit sagte, und haben immer danach gestrebt, dies auch zu leben.

Wurde er gefragt, wie man dies tun solle, dann sagte Dr. Stone: «Man muß den andern in sich fühlen. Wenn man seine Gesundheit und seine Krankheit in sich fühlt, erkennt man, was zu tun ist, und tut es einfach. Das entsteht durch die Arbeit an sich selbst.» Das war genau, was er tat. Er drang unweigerlich bis zu dem Ort in einer Person vor, an dem das meiste Leben saß, und kommunizierte direkt mit diesem Teil. Manchmal schickte er riesige Wellen von Liebe und Fürsorge aus, die buchstäblich Abwehr und Negativität zu schmelzen vermochten. Andere Male war er scharf und bissig wie damals, als er zu jemandem sagte: «Dir fehlt nichts, du bist nur voll heißer Luft. Steig wieder vom Tisch herunter.» Einige von uns wurden rot und senkten den Blick, als er das sagte, doch wir wußten, daß er recht hatte. Und er sagte es auch auf eine Art, die im Leben dieser Person etwas veränderte. Dabei lag die Kraft nicht in den Worten, sondern in der Art, wie er sie sagte, und im Licht und der Lebendigkeit, die seine körperliche Präsenz ausstrahlte.

Nicht sein großes Wissen und seine Lehren vermochten Leben und Verständnis zu übertragen, sondern die Art, wie er sich in jede Situation einbrachte. Ich habe ihn in all den Jahren unseres Zusammenseins nie mehr als zehn oder zwölf Techniken anwenden sehen. Er konnte eine Unzahl von Techniken vorführen und lehren, doch wenn er arbeitete, verband sich sein Geist einfach mit dem Geist des Klienten. Die wenigen Techniken, die er benützte, schienen fast nebensächlich zu sein.

Wir verstehen erst, was Dr. Stone meinte mit «jemanden in sich fühlen» oder «seine Krankheit und seine Gesundheit in sich spüren», wenn wir erkennen, daß wir einen anderen nur so weit und so tief wahrnehmen, uns mit ihm verbinden und ihm beistehen können, wie wir mit uns selbst verbunden sind. Dr. Stone selbst praktizierte eine Meditation, und er hatte einen tiefen Drang, nach dem Sinn des Lebens zu forschen. Als er einmal gefragt wurde, wie er denn all diese Dinge gelernt habe, sagte er lächelnd: «Ich bleibe bis spät in die Nacht auf.»

Eine regelmäßige Übung, die in irgendeiner Form den Körper einbezieht, kann der Weg sein, um eine solche Körperpräsenz zu entwickeln; ob es nun eine Sitzmeditation, eine der Kampfkünste, Bewegung, Atemarbeit, Yoga, Laufen oder Tanzen ist. Das Praktizieren dieser Techniken vermittelt uns Präzision und Klarheit. Es ist ein Weg, um mit der Präsenz in Fühlung zu treten. Die Technik öffnet uns die Tür zur Energie der Präsenz und hilft uns, aus ihr heraus Kontakt zu schaffen. Wenn sich Dr. Stone über einen seiner Studenten freute, lobte er ihn nie für seine Technik. Er sagte höchstens: «Du wirst gut werden in dieser Arbeit, du machst dich.» Der Aikidolehrer Mitsugi Saotome Sensei ermahnte seine Schüler: «Wir üben hier nicht *ikkyo* (perfekte Technik), sondern *Aikido* (der Weg, um sich auf das Universum einzustimmen).»

Alle, die bei O'Sensei, dem Begründer des Aikido, gelernt hatten, waren beeindruckt von der energetischen Präsenz dieses Mannes, viel mehr als von seiner speziellen Art, die Techniken anzuwenden. In den späteren Jahren gab O'Sensei selten, wenn überhaupt, Techniken weiter. Es waren seine Studenten, die seine vielfältigen Techniken benannten und einordneten. O'Sensei sprach von Prinzipien, die er lehrte, indem er sie verkörperte.

Wenn wir eine Disziplin konsequent pflegen, unterstützt das unsere Entwicklung, und wir bleiben aufrichtig und zu echter Kommunikation mit anderen bereit. Wenn sie uns dahin bringt, weniger selbstkritisch zu sein, sind wir auch andern gegenüber weniger kritisch. Je klarer wir uns sehen, desto klarer sehen wir auch die andern. Und wenn wir uns selbst heilen können, können wir auch andere heilen. Groß reden kann jeder, doch die Echtheit unserer Worte und Handlungen entspringt der Präsenz, die sich durch das Praktizieren entwickelt.

Wenn unsere Worte, Wahrnehmungen und Handlungen einer körpergewordenen Präsenz entspringen, sind sie echt, inspirieren unser Leben und verleihen ihm Kraft. Die Präsenz wird dann zur Grundlage unserer Kommunikation. Sie ist der Energiekanal, aus dem Wissen auftaucht und in dem es weitergegeben wird. Sie ermöglicht echte, ganzheitliche Kontakte, während Kontakte ohne Präsenz eindimensional bleiben.

Es mutet seltsam an, daß Kontakt trotz seines großen Heilungs- und Inspirationspotentials in den Heil- und Erziehungsberufen – von unserem Alltag gar nicht zu sprechen – eine so unwesentliche Rolle spielt. Offenbar haben wir vor lauter Vorwärtsstreben, Anhäufen von materiellen Gütern und Emporklettern auf der Leiter des Erfolges das Gefühl dafür verloren, wie wichtig echter menschlicher Kontakt ist. Wenn wir Techniken und Theorien ansammeln, um äußerliches Ansehen zu finden, übersehen wir, daß Präsenz und Kontakt die Grundlage bilden, auf der Techniken überhaupt erst wirksam werden können.

Kontakt kann viele Formen annehmen, doch die Form gibt noch keine Gewähr dafür, daß ein echter Kontakt von Geist zu Geist zustandekommt. Der Handschlag von zwei fremden Menschen kann die Kraft haben, eine Beziehung für das ganze Leben zu schaffen, während zwei Leute zusammen schlafen können, ohne dabei Kontakt zu schaffen. Nur weil unsere Füße auf dem Boden stehen, sind wir noch lange nicht geerdet. Den Kontakt zum Boden schaffen wir, wenn wir unsere energetische Präsenz als lebendigen Strom durch die Beine und Füße in den Boden fließen lassen. Visuellen Kontakt schaffen wir, wenn wir unsere Präsenz als Erregungskraft durch die Augen in die Umgebung strömen lassen, was viel mehr ist, als jemanden einfach anzuschauen. Konflikte und Aggressionen schaffen oft unverhofft, doch nicht selten mit großem Gewinn, echten Kontakt. Fritz Perls nannte Kontakt «die Anerkennung von Unterschieden». Kontakt kann fast jede Form annehmen, solange wir sie mit energetischer Präsenz füllen.

Kontakt ist die Art, wie wir mit jemandem oder etwas umgehen. Und Präsenz, die Körper gewordene Aufmerksamkeit, ist die Mutter des Kontakts. Kontakt entsteht, wenn wir wichtige Botschaften durch Sprache, Berührung, Emotionen, nonverbale Gesten und Energiefelder übermitteln, und er entspringt unserer lebendigen Präsenz. Wenn diese aktiv und dynamisch ist, dann ist es auch unser Kontakt. Kontakt ermöglicht uns, mit uns selbst, mit andern und mit unseren Alltagssituationen in jedem Moment in Beziehung zu stehen. Kontakt in diesem Sinn deckt das ganze Spektrum der Aufmerksamkeit ab.

Sobald wir die Technik im Auge haben, verbauen wir uns die Möglichkeit einer tieferen Verbindung. Ich kann das immer wieder im Aikido beobachten, wenn jemand eine Technik zwar korrekt ausführt, doch keine echte Beziehung zum Partner herstellen kann, weil sein Geist nicht wirklich am Geschehen beteiligt ist. Es sieht dann aus, als ob der Partner auf der Matte herumgezerrt und heruntergemacht würde. Das kommt auch bei der Körperarbeit vor, wenn der Behandelnde zwar die Hände auf die richtigen Stellen legt und das Richtige tut, ohne jedoch die Person im Körper wirklich zu erreichen. Oder es kann in der Therapie geschehen, wenn der Therapeut seine Beziehung auf die Anwendung bestimmter Techniken beschränkt. Er tut zwar das Richtige, doch seine Art, sich zu verbinden, ist oberflächlich, künstlich und nicht in Fühlung mit seinem Gegenüber.

Indem wir Kontakt schaffen, verbinden wir uns mit dem Geist der belebten Dinge. Wir spüren im Kontakt Strukturen, Tonus, Stimmungen, Empfindungen oder Gefühle und die daraus entstehende Präsenz. Manchmal sind diese Eigenschaften konkret und greifbar, und manchmal bleiben sie im Bereich der Ahnung. Wenn wir die Körperwahrnehmung und -intuition schulen, können wir die Beschaffenheit von Präsenz und Kontakt spüren und deuten lernen, genauso wie ein erfahrener Segler die Verhältnisse auf See zu deuten vermag. Was er sieht und fühlt, hat weder mit Magie noch mit Mystik zu tun, sondern mit seiner Erfahrung in diesem Moment. Genauso können wir die Beschaffenheit von Energie, Präsenz und Kontakt erkennen, wenn wir zulassen, daß das Leben an uns herankommt und uns berührt. Diese Wahrnehmungsfähigkeit kann man durch Bewegung und kontemplative Übung entwickeln, so daß das Erspüren von Energiequalitäten zur zweiten Natur wird.

Bei gewissen Leuten spüren wir im Kontakt etwas Abtastendes, Vorsichtiges, als ob sie sagen würden: «Ich will langsam vorangehen und sehen, wie sicher es ist.» Bei andern treffen wir eine Ausstrahlung, die förmlich überfließt von dem starken Wunsch nach Kontakt. Wenn solche strahlenden Leute den Kontakt zu ihrer Energie verlieren, sagen sie oft: «Ich gebe, bin verfügbar und offen – warum antwortet niemand auf mich?» Sie merken nicht, daß sie den andern gar keine Möglichkeit geben, auf sie zuzukommen. Andere Menschen wiederum senden eine klebrige, sirupartige Energiequalität aus, die verführerisch ist. Sie betrachten Kontakt als etwas Verschlingendes und glauben, jemand zu sein, wenn sie sich einen anderen einverleiben können. Und es gibt Leute, die einfach strahlen und uns Freude machen mit der Leichtigkeit und dem Humor, die sie dem Leben entgegenbringen. Wieder andere verbreiten Ruhe und Schwere wie ein zentrierter Pol, eine stille Tiefe, in der Kontakte von tiefer Fürsorge möglich sind.

Kontakt in diesem Sinn des Wahrnehmens und Verbindens ist grundlegend für das Lernen. Er erlaubt dem Lehrer, den besten Zugang zum Schüler zu erkennen, und schafft eine Brücke des Vertrauens, die dem Schüler das Lernen erleichtert. Der Personaldirektor erfährt dadurch über einen Bewerber, was nicht im Lebenslauf steht. Dem Arzt hilft der Kontakt vielleicht, mit Kindern umzugehen, die sich vor Ärzten fürchten. Und dem Polizisten kann er eingeben, wie er eine gefährliche Situation abwenden kann. Eltern können so vielleicht die Bedürfnisse eines Kindes erfahren, das verstockt und zu schüchtern ist, um von seinen persönlichen Dingen zu sprechen. Um mit dem Erregungsrhythmus eines anderen in Kontakt zu treten, muß man sich mit seinem tiefsten, innersten Teil verbinden. Das schafft die Grundlage für weiteres Lernen und weiteren Austausch. Wenn wir die Person und ihre Erregungskraft in den Lernprozeß einbeziehen und ihr nicht nur Informationen eintrichtern, dann wird ihr das Lernen befriedigend vorkommen, und sie wird es auf andere Lebensbereiche übertragen können.

Als ich im letzten Winter skifahren lernte, ließ ich mich von einem guten, anerkannten Skilehrer unterrichten. Am Anfang staunte ich, als ich merkte, daß seine Anweisungen dieselben waren wie die, die ich sonst meinen Schülern erteile. Er sprach davon, wie wichtig Entspannung und das Mitgehen mit den Unebenheiten der Piste seien, daß ich in meinen Körper vertrauen müsse, daß dieser nämlich Gewicht, Gleichgewicht und Flexibilität schon spüre. Seine Bilder waren phantasievoll und nützlich. Es regte mich an, und ich wollte seine Vorschläge gleich anwenden. An einem gewissen Punkt geriet ich allerdings ins Stocken. Der Lehrer kam zu mir, haspelte erneut seine tollen Aphorismen herunter, und ich versuchte von neuem, sie anzuwenden. Doch der Fortschritt blieb aus, etwas fehlte.

Mir fiel auf, daß er keinen Kontakt zu mir schuf. Er sah mich nicht und erfaßte nicht, was ich brauchte, um weiterzukommen. Seine großartigen Botschaften hatten keine Verbindungsbrücke zu meinem Inneren. Er ließ mich mit seinen wunderbaren Tips allein, gab mir keinen Boden, auf dem ich hätte lernen und mich entwikkeln können. Wenn es ihm gelungen wäre, einen echten Kontakt zu mir herzustellen, hätte er mir das Wissen vermitteln können, das mir fehlte, um weiterzukommen. So blieb seine Information plakativ. Er wiederholte einfach, was er allen sagte, ohne den Inhalt meinem Lernprozeß anzupassen. Als ich keine Fortschritte machte, wurde er frustriert und bombardierte mich mit noch mehr «Wissen», anstatt hinzuschauen, was für mich das Richtige wäre. Wenn er sich auf mich eingestellt hätte, hätte er mich womöglich anregen können, meine Hüfte ein wenig zu drehen oder mich etwas mehr auf eine Seite zu lehnen, oder er hätte sogar mit der Energie der auftauchenden Frustration arbeiten können.

Das lehrte mich, daß eine Idee noch so erleuchtet, philosophisch konsistent und im Geiste des «New Age» gedacht sein kann, sie bleibt eine Idee, solange Präsenz und Kontakt fehlen. Eine gute Idee haben, ohne die Fähigkeit, sie zu verkörpern und wirksam mitzuteilen, ist wie in den Wind spucken. Präsenz und echter Kontakt machen den Unterschied aus zwischen einem Informationslieferanten und einem inspirierten Lehrer. Ein guter Lehrer ist jemand, der Erfahrungen anregen und die Freude am Lernen weitergeben kann.

Kontakt ist ein dynamischer, wandelbarer und rhythmischer Prozeß; je mehr Kontakt aus der körpergewordenen Präsenz entsteht, um so kraft- und wirkungsvoller ist er. Dabei kann der energetische Austausch in unserm Innern, zwischen uns und anderen Menschen oder zwischen uns und unserer aktuellen Lebenssituation stattfinden.

Grundlegend für einen erfüllten Kontakt mit andern und der Umwelt ist, daß wir mit uns selbst in einem natürlichen Kontakt stehen. Bevor wir nicht mit uns selber klarkommen, können wir nicht wirklich mit andern umgehen. Ein verantwortungsvolles Eingehen auf unsere eigene Erregungskraft schafft die Grundlage, die uns erlaubt, aufzubrechen und hinauszutreten. Wir merken bald, daß wir mit andern in derselben Weise umgehen wie mit uns selber – sanft, direkt, liebevoll, eindringlich. Sobald wir verstanden haben, wie wir uns selbst behandeln, können wir auch Verantwortung für unsere Projektionen und Phantasien übernehmen.

Der Kontakt zu Mitmenschen ist die natürliche Folge der Verbindung, die wir zu uns selber haben. Wenn wir mit uns selbst verbunden sind, fließt unsere Erregungskraft automatisch nach außen, und wir flechten mit den Strömungen und dem Puls unserer Umwelt zusammen das Gewebe des Lebens. Im Kontakt mit andern setzen wir den alten, aufregenden Prozeß in Gang, aus dem Familien, Sippen und Gemeinschaften entstehen. Wenn wir uns mit den eigenen energetischen Visionen verbunden haben, sind wir fähig, mit den Menschen um uns herum in einen guten Kontakt zu treten.

Wenn wir mit unseren Lebensumständen Kontakt aufnehmen, gewinnen wir gleichzeitig eine umfassende Sicht von der Situation der Welt. Wir sehen, wie wir die Umwelt beeinflussen und wie sie umgekehrt uns formt. Wir erfahren, daß alles im Wandel ist, daß einiges veränderbar ist und anderes eindeutig nicht. Diese Kontaktaufnahme mit den Umständen des Lebens zeigt uns, wie verletzlich wir sind. Das ist oft schmerzlich und zeigt uns die Grenzen der persönlichen Macht. Doch oft schafft erst das Integrieren und Annehmen dieser Grenzen den Raum und das Bewußtsein für eine Macht, die viel größer ist als das persönliche Ego. Die Erfahrung dieser Macht führt uns auf den Weg der Offenheit und Annahme.

Wenn wir mit unserer Lebenssituation Kontakt aufnehmen, fallen uns Einsichten über Liebe, Dienen, Vergänglichkeit und Weisheit zu. Wir stoßen auf ein ursprüngliches Verlangen, das nur mit religiös, im tiefsten Sinne des Wortes, beschrieben werden kann. Wir erfahren Ehrfurcht vor der Unendlichkeit des Lebens und sind dankbar für unseren Platz darin.

Kinder sind großartige Zeugen für die Kraft und den Stellenwert, die der Präsenz und dem Kontakt zukommen. Fast alle Kinder, ob gesund oder emotinal gestört, ob Jugendstraftäter oder Lernschwierige, sprechen auf nichts so sehr an wie auf Präsenz und Kontakt. Ist man da, dann geben sie Antwort. Wenn man weggeht, gehen sie auch weg. Und sie merken es sofort, wenn man um den Brei herumredet. Weil sie so sensibel sind, ist es stets eine Gratwanderung, mit ihnen zu arbeiten. Ein Fehltritt von wenigen Zentimetern genügt, um alle abstürzen zu lassen. Dieser unmittelbare Spiegel kann einen zur Verzweiflung bringen, doch er fordert auch heraus, gerade wegen der Präsenz- und der Kontaktmöglichkeiten, die ihm innewohnen.

Bei Kindern ist der Wunsch nach Kontakt ebenso groß wie der Widerstand dagegen. Ihr Widerstand zeigt oft nur, wie stark sie Kontakt wünschen – wie stark wir alle ihn wünschen. Kinder tarnen ihre Kontaktwünsche meist auf durchschaubare Weise. Wenn sie Streit anzetteln, wünschen sie oft nur Kontakt. Wenn sie kämpfen, zeigen sie ihre Unfähigkeit, mit Intimität oder der damit verbundenen Frustration umzugehen. Wenn sie davonlaufen, haben sie vermutlich Angst, daß ihnen wieder der Kontakt, nach dem sie sich so sehnen, versagt wird. Doch haben sie sich erst einmal erlaubt, den direkten Kontakt zuzulassen, dann saugen sie ihn auf wie ein Schwamm. Die Augen strahlen vor Wärme und Liebe, wie bei einem großen Fest. Die Tatsache, daß fast alle seelisch gestörten Kinder wenig oder gar keinen echten Kontakt in ihrem Leben erhalten haben, sagt Bände aus. Und es ist offensichtlich, daß für die Heilung und das Wachstum solcher Kinder das wirksamste Mittel stets ein tiefer, intensiver Kontakt ist.

Während zwei Jahren arbeitete ich mit einem seelisch geschädigten Jungen, den ich Marvin nennen will. Auch wenn er sehr auf Distanz blieb, schloß ich ihn in mein Herz, und ich glaube, daß auch er mich mochte. Er sprach selten, doch manchmal stellte er eine Frage oder stellte sich neben mich. Ich spürte in diesen Momenten, daß er mir näherkommen wollte, aber nicht wußte wie oder nicht ganz bereit war dazu. Ich erkannte auch mich selbst in ihm, wie ich als Junge gewesen war. Er war flink, schlau und lernte leicht, doch er war auch launisch und konnte ganz unerwartet lostoben. Sobald ihm jemand zu nahe kam oder er zuviel Erfolg hatte, begann er zu streiten oder sabotierte seine eigenen Bemühungen auf defensive Art. Er hatte eine enge Beziehung zu seiner Mutter, doch hatte er nicht wirklich gelernt, den Menschen zu vertrauen. Da er auch sportlich veranlagt war, versuchte ich, ihn über die Bewegung zu erreichen, mit ihm zu spielen und so viel physischen Kontakt wie möglich zu ihm herzustellen.

Manchmal im Spiel, wenn ich dachte, wir seien uns jetzt nähergekommen, drehte er sich plötzlich brüsk zu mir und schleuderte mir eine spitze Bemerkung an den Kopf: «Warum hast du das getan?» schrie er mit schriller Stimme. «Kannst du nicht sehen, daß du mir weh tust? Ich bin dir egal – sonst würdest du nicht so grob spielen.» Sensibel wie er war, spürte er meinen Wunsch nach Kontakt, doch er konnte meine indirekte Art, damit umzugehen, nicht leiden. Er wußte, daß ich etwas von ihm wollte und daß ich nicht aufrichtig war. Er nahm es mir übel, daß ich ihn auf diese Art manipulierte. So schlug er auf seine Art zurück, nämlich mit Worten, die er ganz schön mit Gift würzen konnte. Gleichzeitig hatte er mich gern. So arbeiteten wir mehr als ein Jahr miteinander. Beide wollten wir Kontakt, beide haßten wir die Bedürfnisse des andern, beide sahen wir uns ineinander gespiegelt.

Als wir eines Tages zusammen waren und nichts Besonderes

taten, merkte ich, daß mich Marvin unentwegt anschaute. Ich sah auch, daß er mich nicht zum Narren halten wollte, es war kein «Wer-hält's-länger-aus»-Anstarren und kein «Ich-seh'-dich-wenn-du's-nicht-merkst»-Spiel, denn sein Körper war entspannt, sein Blick weich und seine Haltung offen. Als er sah, daß ich mich ihm zuwandte, kam er zu mir, ohne den Blick von meinen Augen abzuwenden. Er setzte sich vor mich hin und schaute so tief und direkt in meine Augen, wie er es nie zuvor getan hatte, und sagte einfach: «Deine Augen sind braun.» Ich war verdutzt. Nicht nur, was er sagte, auch wie er es sagte, verblüffte mich. Wir wußten in diesem Moment beide, daß sein Sehen plötzlich aufgegangen war. Er schaute hinaus, weg von sich selbst, und sah draußen mich. Eine tief empfundene Wärme verband uns in diesem Moment. Seine Öffnung öffnete auch mich, und sein Kontakt brachte auch mich in Kontakt. Mein ganzer Körper fühlte sich lebendig an, und ein lebhafter Strom pulsierte zwischen uns.

So einfach kann es sein: jemand bemerkt plötzlich die Farbe deiner Augen. Doch wenn wir den Kopf gerade tragen, direkt in die Welt hinausschauen und Kontakt schaffen, dann stellt sich tatsächlich eine Klarheit ein, die alle Neurosen, Doppelbindungen und seelischen Verwirrungen durchdringen kann. Für Marvin änderte sich einiges nach dieser Episode. Er nahm plötzlich viel mehr von anderen Menschen wahr, und sein Spiel wurde friedlicher. Ich hingegen erkannte, daß meine Bemühungen um den Kontakt mit Marvin und anderen emotional geschädigten Kindern meistens den echten Kontakt verhindert hatten, da dieser erst möglich wird, wenn man einfach sich selbst ist. Ich war dauernd damit beschäftigt gewesen, der zu sein, der etwas bewirkt, und hatte gerade damit echten Kontakt verhindert.

So stark und natürlich der Wunsch nach Kontakt auch ist, wir sind offenbar alle unbeholfen und naiv im Umgang mit ihm. Wir wollen alle Kontakt, doch fürchten wir uns vor Intimität. Wir wollen verbunden sein, doch wie wir das erreichen können, wissen wir nicht. Die Erregungskraft, die im Kontakt entsteht, macht uns Angst. Wir fragen uns dauernd, ob wir uns richtig verhalten. Und wenn der Kontakt dann besteht, wissen wir nicht, wie wir ihn wieder auflösen, wie wir sagen sollen: «Danke, das reicht im Moment.»

Es gibt unzählige Geschichten von emotional und physisch mißbrauchten Kindern, die ihre Wunden als Erwachsene in Form von Mißtrauen und Gewalt mit sich tragen. Sie sind Zeugen für die Armut eines Lebens, das echten Kontakt nicht kannte. In manchen Familien wird außer dem Hund und dem Fernseher nichts berührt, und wenn der Fernseher nicht mehr läuft, verziehen sich die einzelnen Familienmitglieder oder mißbrauchen sich gegenseitig im Kontakt. Und da wir nie gelernt haben, Kontakt zu uns selbst zu schaffen, fühlen wir uns verlassen und abgelehnt, sobald wir allein sind.

Vielleicht ist die Angst vor Ablehnung und Verlassenheit das universelle Thema, das wir auf der Bühne des Kontakts immer neu gestalten. Der Körper möchte gern bei andern Körpern sein; jeder sehnt sich nach dem Zusammensein mit anderen. Doch die Kniffe und Strategien, die wir bei der Verwirklichung dieses Wunsches, zu lieben und geliebt zu werden, anwenden, lassen Kontakt für fast alle von uns zu einem zentralen Thema werden.

Was unsere Verwirrung über Kontakt nicht eben mindert, ist die tiefverwurzelte Ansicht der Gesellschaft darüber. Wir lernen, daß man guten und schlechten Kontakt aufnehmen kann, daß es dafür richtige Leute gibt und solche, deren Gesellschaft man meiden sollte. Man sagt uns, Kontakt sei schwierig, ja unmöglich in Konfliktsituationen, obwohl er ironischerweise genau da oft äußerst wertvoll und hilfreich ist. Jungen Frauen bringt man bei, Charme und ein eingefrorenes Lächeln öffne die Tore zum Kontakt. Und in der Männerwelt bedeutet der herzhafte Klaps auf die Schulter Kontakt. Die Medien suggerieren uns, daß wir Kontakt dann am leichtesten herstellen können, wenn wir uns den besten Lippenstift, das bestimmte Parfüm, den speziellen Wagen oder auch nur einen Hamburger kaufen. Sehr verbreitet ist auch die Vorstellung, Kontakt sei statisch – sei er nun zu einer Person, einem Ort oder einem Gegenstand –, was zur Folge hat, daß Kontakt, wenn er einmal geschaffen ist, bewahrt werden muß, bis die nächste annehmbare Kontaktmöglichkeit auftaucht. Diese beengende Haltung übergeht unsere natürliche Neugier und den tief verwurzelten Drang, unsere Umgebung und uns selbst zu erforschen.

Wenn wir den starren Medienkonzepten nachleben, werden wir zu diesen Hausfrauen, die sofort zu putzen beginnen, sobald die Kinder morgens das Haus verlassen haben, oder zu jener Therapeutin, die mit sich nichts anzufangen weiß, wenn sie nicht mit Klienten zusammen ist, oder zum Manager, der sich ohnmächtig fühlt, wenn er sich nicht gerade im Sitzungszimmer befindet. Wenn wir uns festlegen, wie und wo wir Kontakt zulassen, frieren wir unsere Aufmerksamkeit, unseren Lebenssinn und unsere Kreativität ein. Nach dem Sinn in seinem Leben befragt, wird vermutlich jeder von einem Lebensbereich erzählen, der mit Kontakt und Energie reich gefüllt ist. Und wenn man umgekehrt jemanden fragt, was in seinem Leben falsch laufe, dann wird er vermutlich eine Situation beschreiben, in der wenig Kontakt und Energie da sind.

Im somatischen Ansatz lernen wir nicht aus Handbüchern, wie man Kontakt schafft, und wir schielen auch nicht zum Nachbarn hinüber, wie er es macht, sondern wir lassen uns vom Rhythmus unserer Erregungskraft leiten. Damit anerkennen wir, daß das *Wie* des Kontakts durch die gelebte Erfahrung bestimmt wird. Kontaktnahme lernen wir, indem wir im Körper sind, der Energie nachspüren und unseren Wahrnehmungen vertrauen – und nicht durch das Ansammeln von Konzepten oder durch den Versuch, auf eine bestimmte Art zu leben.

Kontakt, der aus der Körperpräsenz entsteht, steht im Einklang mit dem Ausgreifen und Zurückfließen unserer energetischen Gezeiten. Wie eine Welle, die sich einen Moment lang vom Ozean abhebt, sich auftürmt, schäumt, aufs Ufer schlägt und dann zurückfließt, um sich für einen Neuanfang zu sammeln, so sind auch wir durch den Ablauf unserer Kontakte mit dem Rhythmus des Lebens, mit Ebbe und Flut verbunden. Wie wir unsere Energie erwecken, wachsen und voll werden lassen und entladen, bestimmt unsere Kontakte. Das Spektrum und der Reichtum unserer Kontaktfähigkeit sind ein Spiegel unserer Lebensqualität und der Art, wie wir unsere Energie nutzen. Wer im Kontakt beschränkt ist, ist es auch in seiner Art zu leben. Kontakt und Energie sind unentwirrbar miteinander verflochten, in ihrer Verbindung stellt sich Sinn ein. Über guten Kontakt erfährt man am meisten, wenn man sich mit der eigenen Erregungskraft und ihrem Rhythmus beschäftigt. Damit sind wir wieder beim Ausgang dieses Buches angelangt, der Zyklus hat sich geschlossen.

Die Arbeit durch den Körper läßt in uns ein Wissen entstehen, daß wir in unsere soziale Umwelt und in die Konflikte tragen können, die sich in unserem Leben und in der Welt ereignen. Im folgenden Kapitel beschäftigen wir uns damit, wie wir mit unserem Körperwissen an unserer Aggression und an der beispiellosen Gewalttätigkeit in unserer Welt arbeiten können.

Gezügelte Aggression:

Der Aiki-Weg, Konflikte zu bewältigen

«Krieg ist lediglich ein spektakulärer Ausdruck unseres alltäglichen Verhaltens.»
J. Krishnamurti

Kürzlich sprangen mir in der Zeitung zwei Berichte ins Auge. Der erste betraf ein englisches Paar, dem ein Adoptionsgesuch abgelehnt worden war. Die beiden hatten seit fünfzehn Jahren erfolgreich ein Heim für Waisenkinder geleitet. Die Behörden lehnten den Antrag ab, weil sie fürchteten, das Paar sei zu «glücklich»! Die Kinder würden in einer «unwirklichen Umgebung» aufgezogen. Die Behörden betonten, ein Leben mit mehr Streit und Spannung würde ein Kind besser auf das Leben in dieser Welt vorbereiten, und lehnten deshalb das Gesuch ab.

Der andere Bericht handelte vom Krieg in El Salvador und trug die Schlagzeile: «Einundzwanzig Morde: El Salvador zuckt die Achseln.» Offensichtlich hatten es die Regierungskräfte abgelehnt, für 21 Entführungsopfer Lösegelder zu bezahlen oder Verhandlungen zu führen, und so waren alle Geiseln von den Rebellen umgebracht worden. Die Regierung hatte es gleichgültig zur Kenntnis genommen und nicht einmal die Herausgabe der Leichen verlangt.

Die Ironie dieser beiden Berichte war schmerzlich augenfällig. Ich distanzierte mich zuerst, wie oft bei solchen Nachrichten, einen Moment lang von der eigentlichen Tragik dieser Ereignisse. Doch als ich die Berichte erneut las und sie mir als Aushängeschilder für unsere heutige Zeit anschaute, stieg in mir eine lästige Frage auf: Was meinen wir eigentlich mit Gesellschaft und Kultur, wenn unser Leben durch solche Aggressionen und Gefühllosigkeiten geprägt ist?

Wir alle wissen sehr wohl, daß wir in einer Zeit unglaublicher Gewalttätigkeiten und Aggression leben. Sie erreichen uns entweder durch die täglichen destruktiven Berichte im Fernsehen und in den Zeitungen oder real in Form von Überfall, Vergewaltigung, Mord und Diebstahl. Mit solchen Erfahrungen sind längst nicht mehr nur die andern konfrontiert. Die meisten von uns haben irgendeine aggressive Einmischung in ihr Leben erfahren oder kennen Leute, die in der einen oder anderen Form angegriffen worden sind. In mancher Hinsicht ist Vergewaltigung zur Grundbedingung unserer modernen Gesellschaft geworden. Ob es sich um sexuelle Vergewaltigung, Bombenanschläge, Eindringen in ein fremdes Land, Entreißdiebstahl oder Gewalt gegen Kinder und Ehegatten handelt, es geht im Grunde immer darum, einen andern zu beherrschen oder ihm gewaltsam etwas wegzunehmen. Wie können wir dieser zunehmenden Gewalt Einhalt gebieten? Und wo nimmt sie überhaupt ihren Anfang?

Im Umgang mit Gewalt und Aggression lassen sich drei Grundhaltungen beobachten: entweder werden sie nach «draußen» verlegt oder mit Sozialprogrammen bekämpft, oder durch die Arbeit an sich selbst integriert. Der erste und offenbar beliebteste Ansatz führt zur Bildung von Gruppierungen um Themenkreise – Atomkrieg, Kriminalität, Terrorismus, Drogen, Umweltzerstörung, städtische Zerfallserscheinungen, Rassen- und Religionsprobleme –, und diese Gruppierungen erklären, der Feind sitze «dort draußen». Nehmen wir das Verbrechen als Beispiel: Im ganzen Land künden Richter und Gerichte Gesetzesreformen an, die die bösen Elemente «ein- für allemal» ausmerzen sollen, als ob unser Leben ganzheitlich würde, wenn all die bösen Leute mit dem großen Gesetzbesen unter den Teppich gekehrt würden. Gegenwärtig haben die Gerichte allerdings noch Berge von alten, nicht aufgeklärten Fällen zu bearbeiten, und neue stehen schon an. Wir erfahren, daß man daran denkt, mehr und größere Gefängnisse zu bauen, obwohl 50 % der eingekerkerten Kriminaltäter rückfällig werden. Diese hohe Rückfallsquote spricht nicht gerade dafür, daß noch mehr Gefängnisse die überzeugende Lösung für Kriminalität und Gewalt sind.

«Die dort draußen», ist auch die Haltung im Verteidigungsministerium, wo Geldmittel angehäuft werden, um eine «Politik der

Stärke» durchzusetzen. Dieser Einstellung liegt der Glaube zugrunde, daß Härte, der große Stock und ein respektgebietender Bizeps nottun. Aber brauchen wir wirklich Härte? Wir können Gewalt ebensowenig mit Härte beseitigen, wie wir eine Grippeepidemie beenden können, indem wir jeden schlagen, der Fieber hat. Doch wir sind begierig auf einen Sündenbock. Wir suchen Strategien, um die «Bösen» zu besiegen. Alles wäre in Ordnung, meinen wir, wenn wir nur da draußen etwas zurechtbiegen könnten.

Diese Weltanschauung unterschiebt dem Menschen, er habe eine genetisch vorgegebene aggressive und kriegerische Seite; man verweist dann auf die Evolution oder die territoriale Aggression, die wir im Tierreich beobachten können. Das Argument, daß Krieg unausweichlich in unseren Genen angelegt sei, ist allerdings nur eine weitere Entschuldigung, um nicht in uns nach einer Lösung zu suchen. Harmonie und Aggression gehören beide zu unserem Wesen, wir neigen weder unbedingt zum einen noch zum andern. Unsere Tendenz entweder zum Frieden oder zur Gewalt wird geprägt und gepflegt durch die Einflüsse der Kultur. An einem einzigen Tag kann unsere Stimmung unzählige Male zwischen Mitgefühl und Haß wechseln. Aggression ist einfach da, wie Liebe auch.

Wenn wir uns weiterhin der Verantwortung für unsere alltäglichen Äußerungen entziehen mit modernen Entschuldigungen wie: «Drucksituation», «angstfördernde Bedingungen», «Folgen eines niedrigen Blutzuckerspiegels» und «zeitweise unzurechnungsfähig», dann ist das einfach unsinnig; wir weigern uns damit, den Keim der Gewalt in uns selber zu sehen. Wenn wir die Gene oder etwas außerhalb von uns für unsere Aggression verantwortlich machen, lenken wir uns von der wirklichen Situation ab.

Der zweite Ansatz will den Ursachen der Gewalt mit Sozialprogrammen zu Leibe rücken. Hier wird mit Begriffen wie Arbeitslosigkeit, Ausbildung, Gefängnisreform, Überbevölkerung, Hunger, religiöse und Rassendiskriminierung, Gemeinschaftsentwicklung usw. operiert. Solche Anstrengungen haben ihre Berechtigung und verdienen auch Unterstützung. Obwohl sie oft in den Fängen der Bürokratie steckenbleiben, erinnern sie die Öffentlichkeit doch immer an diese Themen und helfen auch oft, Leiden zu lindern.

Der dritte Ansatz geht davon aus, daß jeder einzelne im Alltag an seiner Aggression arbeiten kann. Anstatt einen anderen zu beschuldigen oder uns rechthaberisch aufzublasen, können wir mit dem beginnen, was uns allen am nächsten liegt: mit unserem Körper, unseren Gedanken, Gefühlen, Emotionen und Handlungen. So erleben wir, daß Konflikte nicht nur draußen stattfinden, sondern hier – hier in diesem Augenblick des Lesens, hier in der Familie, bei der Arbeit, mit unseren Nächsten. Konflikte sind einfach da, ebenso wie Frieden. Konflikte werden erst schädlich, wenn wir sie leugnen oder auf andere projizieren.

Viele Anthropologen behaupten, unsere Aggression habe ihre historischen Wurzeln in der Beherrschung der Natur und hätte ihren Anfang genommen, als unsere Vorfahren von Jägern und Sammlern zu Siedlern und Pflanzern wurden. Das hätte die Erfahrung von Besitz geschaffen und folglich das Bedürfnis, den Besitz zu verteidigen. Körperlich erfahren wir diese Beherrschung der Natur, wenn wir uns von unseren Gefühlen und Empfindungen abtrennen. Unter dem Einfluß unseres Erziehungssystems, von Kirche und Medien haben wir gelernt, unsere körperlichen Bedürfnisse zu beherrschen und zu leugnen. Diese frühe aggressive Handlung gegen uns selbst unterscheidet sich wenig von Aggressionshandlungen gegen die Umgebung und Mitmenschen. Wenn wir die körperlich hochkommende Erregungskraft abwürgen, schaffen wir einen inneren Konflikt, der auch auf andere Lebensbereiche übergreift. Niemand lehrt uns, persönlich für die Kraft und Weisheit unseres Körperlebens Verantwortung zu übernehmen. Aus diesem Mangel heraus orientiert sich die Gesellschaft immer mehr an Gewalt und mechanischem Verhalten. Die Geschichte von Raphael ist ein anschauliches Beispiel für diese schmerzliche Tatsache.

Als ich Raphael kennenlernte, war er vielleicht Ende dreißig und arbeitete auf der Straße mit den schwarzen und mexikanischen Banden im östlichen Teil von Los Angeles. Er bewegte sich vorsichtig, stets darauf achtend, was hinter ihm war, und seine Gesichtshaut war ganz glatt. Was er verheimlichen wollte, versteckte er hinter einer eisigen Maske der Gleichgültigkeit. Wenn er jedoch Vertrauen faßte, wurden seine Augen zu einem sonnigen

Strand, und man konnte sich in seiner Wärme und Offenheit wohlig niederlassen.

Raphael wurde sowohl von der Polizei als auch von den Gangs respektiert, was außergewöhnlich war und alles andere als leicht in einer Umgebung, wo Loyalität und Stolz die obersten Prinzipien sind. Raphael kam selbst von der Straße, hatte deren Gewalttätigkeiten verübt und war darüber hinausgewachsen. Vielleicht ist seine wirkliche Geschichte die, wie er sich von einem kalten, gnadenlosen Gangster in einen echten, fürsorglichen Menschen umgewandelt hat. Doch die Geschichte, an der ich teilhaben konnte, handelte von der Neigung zu Gewalt, die entsteht, wenn wir uns von unseren Körpergefühlen abschneiden.

Als Raphael seine Geschichte erzählte, tat er dies so zögernd, als ob er vorsichtig eine alte Wunde berühren würde. Es war von Anfang an klar, daß es nicht eine der üblichen Bandengeschichten war, die strotzen vor Wichtigtuerei und tiefere Gefühle ausschließen. Raphael öffnete die Tür zu einem dunklen Loch, das vor vielen Jahren versiegelt worden war. Als er sprach, war es still, seine Erinnerungen, die tief aus seinem Körper aufzusteigen schienen, erfüllten den Raum.

Offenbar hatte Raphaels Mutter, die erst dreizehn war, als sie ihn zur Welt brachte, ihm früh beigebracht, niemals zu weinen. Mit fünf oder sechs pflegte sie ihn als Bestrafung für das Weinen an den Daumen aufzuhängen. Und wenn er deswegen zu weinen anfing, schlug sie ihn mit einem Elektrokabel und streute danach Salz in seine Wunden. Raphael lernte, sich zu verkrampfen und zusammenzuziehen, damit nichts mehr aus ihm herauskam.

Die Worte kamen langsam aus Raphaels Mund, sie waren kaum mehr als ein Flüstern – eigenartig für einen Mann, der in einer Welt lebte, in der «Macho»-Werte das Sagen hatten. Als er nun diese grauenhaften Erinnerungen heraufkommen ließ, fragte ihn jemand, was er damals gefühlt habe. Raphael hielt einen Moment inne, und nachdem er tief in seinem Inneren nachgeforscht hatte, sagte er ausgesprochen gelassen: «Ich wollte es meiner Mutter einfach heimzahlen.» Dann fragte jemand: «Aber was hast du gefühlt?» Er kniff die Augen zusammen und sank tiefer und tiefer in seine Vergangenheit. Endlich öffnete er die Augen und sagte verdutzt: «Ich fühlte nichts. Ich verließ meinen Körper. Es gab da nichts zu fühlen.» Wir wußten alle, wovon er sprach. Fühlen wäre einfach zu gefährlich gewesen.

Natürlich hatte Raphael seinen Körper verlassen; das war das einzig Vernünftige, was er tun konnte. Sonst hätte ihn der physische Schmerz der von den Knochen weggezerrten Bänder und der emotionale Schmerz der Ablehnung einfach umgebracht. Er hat überlebt, weil er den Körper verlassen hatte. Doch als er nun genauer hinschaute, sah Raphael, daß er jedesmal, wenn er den Körper verließ, um keine Schmerzen zu spüren, auch von den übrigen Gefühlen abklinkte. Er erzählte, daß er später im Leben wütend wurde, wenn er Leute heulen sah. Es kam sogar vor, daß er zuschlug und zustach, wenn jemand zu weinen begann. Wenn er als Bandenboß jemanden umbringen ließ, fühlte er nichts dabei. Als Raphael zum ersten Mal Vater wurde, wußte er, daß er sein Kind liebte, doch er konnte es nicht *fühlen*. Auf die Frage, ob er seinen Kindern denn je mitgeteilt habe, daß er sie gern habe – was er offensichtlich tat –, antwortete er: «Ich hatte Angst, daß ich oder sie zu weinen begännen, wenn ich das täte, und das konnte ich einfach nicht ertragen.»

Nachdem Raphael seinen Körper verlassen hatte, war es einfach, andern weh zu tun. Er spürte sich selbst nicht und konnte auch die andern nicht fühlen. Doch irgendwann begann er, für sich, seinen Körper und seine Gefühle Verantwortung zu übernehmen, und wurde wieder zu einem gefühls- und sorgefähigen menschlichen Wesen. Er hilft nun Chicanos und schwarzen Jugendlichen durch solche Wandlungen hindurch, wie er sie durchgemacht hat. Seine Geschichte bleibt ein dramatisches Zeugnis dafür, wie hoch der Preis für das Abtöten unseres Körperlebens ist.

Wir dürfen nie vergessen, daß in den Kriegen nicht das Blut der Ideologien vergossen wird. Es sind Menschen, die für die Ideologien bluten. Nicht die Politiker tragen die Kriege aus, man schickt empfindungslos gemachte Jugend auf die Schlachtfelder. Nicht die Religionen leiden, sondern Individuen fügen anderen im Namen Gottes und des Vaterlandes Leiden zu. Wer immer andere für Krieg und Gewalt verantwortlich macht und die eigene Verantwortung ablehnt, macht sich des Ausweichens schuldig. Solange wir unsere eigene Aggression nicht annehmen und integrieren, vermute ich, daß sämtliche noch so differenzierten politischen und sozialen Bestrebungen nicht imstande sind, das Dilemma des menschlichen Daseins auf diesem Planeten zu bewältigen.

Einer meiner Freunde hatte ein Erlebnis, das direkt an dieses Thema rührt. Er war mit seinen Kindern fünf Wochen lang allein, während seine Frau auf einer Geschäftsreise war. In dieser Zeit kam er seinen Kindern viel näher, besonders die Beziehung zu seiner dreizehnjährigen Tochter wurde intimer. Eines Abends plauderten die beiden noch lange miteinander, und als es Zeit war zum Schlafengehen, schaute die Tochter, wie er erzählte, «mir direkt in die Augen und fragte mit einer Mischung aus totaler Unschuld und der Stimme der ewigen Eva: ‹Papa, kann ich heute nacht bei dir schlafen?›» Mein Freund erzählte, daß eine gewaltige Energiewelle seinen Körper überflutete. «Ich wußte plötzlich nicht mehr, wer ich war und was ich antworten sollte. Da war so viel Hitze in mir, daß ich glaubte zu brennen. Ich war verwirrt und erregt zugleich. Dann wurde ich wütend, weil ich erregt und so verletzlich war. Plötzlich wurde mir klar, warum sich so viele Väter von ihren Töchtern distanzieren. Ich erkannte, daß ein großer Teil der Kindesverführungen und sexuellen Belästigung in unserer Gesellschaft von der Unfähigkeit der Väter herrührt, konstruktiv mit der Energie umzugehen, die sich durch die Anziehungskraft ihrer Töchter aufbaut. Sobald ich meine Gefühle als ‹falsch› empfand, merkte ich, daß ich meiner Tochter eine runterhauen wollte.»

Das Inzesttabu ist ein so starkes Nein, daß sich die meisten Väter selbst verurteilen, wenn sie solche Energien spüren. Aus lauter Hilflosigkeit in einer derart geladenen Situation projizieren sie ihre Verwirrung und ihren Ärger nach außen. Weil sie für ihre Empfindungen und Energieströme nicht die Verantwortung übernehmen, versetzen sie die Tochter ins Unrecht. Da sie diese Ebene des Körperempfindens mißverstehen und nicht ertragen können und sich in der gegebenen Situation weder zu zentrieren noch zu erden wissen, versuchen sie, ihre Gefühle, Emotionen und Gedanken loszuwerden, indem sie das Kind beschuldigen. Und wenn das Kind im Unrecht ist, kann es ja der Erwachsene nicht sein. So nimmt der

Vater, der sich mit den eigenen inneren Vorgängen nicht auseinandersetzen will, meistens Distanz zur Tochter. Im Extremfall bedeutet das, das Kind physisch und sexuell zu mißbrauchen. Zum Glück war mein Freund genügend aufmerksam und mutig, seine Aggression wahrzunehmen, ohne sie ausleben zu müssen.

In der Körperarbeit kann man die eigene Aggression nicht nur erfahrbar machen, man kann auch damit arbeiten und sie verwandeln. Ich habe in diesem Buch bereits beschrieben, wie dies durch Körperarbeit, Atem, Bewegung und den persönlichen Prozeß geschehen kann. Jetzt will ich von der einzigartigen Kampfkunst des Aikido sprechen und zeigen, wie sie uns dienen kann, unsere Gewalttätigkeit rituell einzubetten und die Aggression zu integrieren.

Aikido wurde in den späten zwanziger Jahren von Morihei Uyeshiba, einem modernen japanischen Samurai, begründet. Als junger Mann mußte Uyeshiba hilflos zuschauen, wie eine Bande von Gangstern seinen Vater niederschlug, und er schwor sich, irgendeine Disziplin zu lernen, um seinen Vater zu rächen. Dieser Schwur brachte einen der besten Budo-Meister der japanischen Geschichte hervor (*Budo:* der Weg des Kriegers). Er wurde ein Meister verschiedener Kampfkünste: er kämpfte mit Schwert, Speer und Stock und beherrschte auch verschiedene Formen von Jiu-Jitsu. O'Sensei (der Große Meister), wie er von seinen Schülern genannt wurde, gab sich allerdings nicht zufrieden mit physischer Kraft und technischer Perfektion. Nachdem er alle Angreifer geschlagen und viele seiner Lehrer übertroffen hatte, begann er das Konzept «Gewinnen auf Kosten eines Verlierers» anzuzweifeln. Er stellte sich die Frage, ob es richtig sei, Macht zur Beherrschung von anderen zu benützen. Seine Zweifel ließen ihn das wahre Wesen des Kampfes gründlich erforschen: Ist es genug, einen anderen zu besiegen? Ist physische Kraft und technische Vollkommenheit das Ziel des Kriegers?

In dieser Zeit voller Fragen wurde O'Sensei von einem Marineoffizier, der auch ein hervorragender Schwertkämpfer war, zu einem Duell herausgefordert. Bei den zahlreichen Angriffen des Offiziers, während denen er O'Sensei mit dem Holzschwert zu schlagen versuchte, trat O'Sensei geschickt zur Seite, so daß ihn der

Schwerthieb verfehlte. Schließlich war der Offizier so erschöpft, daß er sich niedersetzte, ohne daß er Uyeshiba je berührt hatte.

Uyeshiba ging in einen nahegelegenen Park, und es überkam ihn plötzlich ein seltsames, unerwartetes Gefühl. Später beschrieb er es so:

*Ich spürte, daß das Universum plötzlich lebte und daß ein goldener Strahl aus dem Boden schoß, der meinen Körper einhüllte und in Gold verwandelte. Gleichzeitig wurden mein Geist und mein Körper zu Licht. Ich konnte das Vogelgezwitscher verstehen und hatte ein klares Bewußtsein von Gott, dem Schöpfer des Universums. Ich war in diesem Moment erleuchtet: Die Quelle des Kampfes ist die Liebe Gottes – der Geist eines liebevollen Schutzes für alle Wesen. Tränen der Freude rannen über mein Gesicht. Ich erkannte dies: Budo heißt nicht, den Gegner durch Kraft bezwingen; es ist auch kein Mittel, um die Welt mit Waffenkraft zu zerstören. Ich wußte: Budo zu üben, bedeutet Gottes Liebe aufzunehmen, die alle Erscheinungen der Natur richtig erzeugt, schützt und pflegt, sie mit unserem Geist und Körper zu verschmelzen und wirksam werden zu lassen.»**

Das war die Geburt des Aikido. Es war, als ob der Sekretär des Verteidigungsministeriums plötzlich erklären würde, von nun an hätten die bewaffneten Kräfte der USA die Aufgabe, der Menschheit zu dienen, sie zu schützen und zu lieben. Natürlich brachen viele auf, sein neues *Budo* der «friedvollen Versöhnung» zu sehen und ihn herauszufordern, und die meisten blieben als treue Schüler bei ihm. Aus dieser frühen Zeit hört man, die Schule von O'Sensei sei voll gewesen von Meistern und Lehrern anderer Kampfkünste, die ehrfürchtig die mühelose Kraft dieses großen Mannes bewunderten. Heute kann man Aikido auf der ganzen Welt lernen.

Aikido ist der Weg der Harmonie mit dem Geist des Universums. Als Kampfkunst verfolgt es das Ziel, die Energie des Angreifers zu neutralisieren, anstatt diesen zu verletzen. Das geschieht, indem man auf die Kraft des Angreifers eingeht, sich mit ihr ver-

* Kisshomaru Uyeshiba: Aikido, Hozansha Publishing, Tokyo 1974, S. 5

mischt und sie dann in eine Kreisbewegung überleitet. Der Angreifer wird dabei entweder zu Boden geworfen oder in einem neutralisierenden Griff festgehalten.

Als Kampfkunst ist Aikido kraftvoll und zugleich ästhetisch beeindruckend. Im Training hat man eine angeregte Gruppe von Männern und Frauen vor sich, die natürliche Kreisbewegungen ausführen, während sie in einem intensiven physischen Austausch stehen. Die Partner sind abwechslungsweise *uke* (Angreifer) und *nage* (Angegriffene). Der *nage* verwendet die Bewegungen des Eingehens und Vermischens, um einem Stoß, Fußtritt oder Griff aus dem Weg zu gehen, führt dann den *uke* in eine kreisförmige Bewegung und bringt ihn auf der Matte zu Fall. Nach dem Fallen, das eine Kunst für sich darstellt, springt der Angreifer energievoll auf die Füße und greift wieder an, bis die Rollen vertauscht werden. Ob als *uke* oder als *nage*, es geht bei jeder Bewegung und Technik um eine Geste der Versöhnung und Harmonie. Mit den Worten des Gründers:

> *Das Geheimnis des Aikido liegt darin, uns mit der Bewegung des Universums in Einklang zu bringen. Wer das Geheimnis des Aikido erfaßt hat, trägt das Universum in sich und kann sagen: «Ich bin das Universum.»*
> *Aiki ist keine Technik, um einen Feind zu bekämpfen oder zu besiegen. Es ist der Weg, die Welt zu versöhnen und die Menschen zu einer Familie zusammenzuführen.**

Obwohl die graziösen Bewegungen des Aikido tänzerisch wirken, ist es eine äußerst wirksame Selbstverteidigung. Wer Aikido betreibt, lernt, sich und andere durch Zentrieren, Erden und Energie *(ki)* aussenden zu verteidigen, wobei er es geschickt vermeidet, den Angreifer ernstlich zu verletzen. In seinem tiefsten Ausdruck läßt Aikido uns mit Sensibilität und Leichtigkeit Konflikte abwenden und lösen, bevor sie sich zu physischer Gewalt verdichten.

Aikido zeigt uns einen kreativen, angemessenen Weg, Konflikte in uns und in unserer Umgebung zu lösen, und es lehrt uns, mit der

---

* Kisshomaru, Uyeshiba: Aikido, S.177

wetteifernden Seite unseres Wesens zurechtzukommen. Drei Aspekte fördern dieses Potential besonders:

Erstens ist Selbstverantwortung eine der Grundlagen des Aikido. In seinen Memoiren schrieb O'Sensei: «Der einzige Gegner ist im Innern. Aikido ist nicht dazu da, um andere zu korrigieren, sondern dazu, den eigenen Geist zu korrigieren.» Als Anfänger im Aikido erfährt man bald, daß mehr Wert auf die Fähigkeit gelegt wird, die Grundprinzipien des Zentrierens, Erdens, Vermischens und Eingehens sowie den *Ki*-Fluß körperlich zu integrieren, als darauf, den Partner zu Boden zu werfen. Man erkennt bald, daß man für alles verantwortlich ist, was man fühlt, denkt und tut – und zwar nicht nur im Dojo, sondern im ganzen Leben.

Nehmen wir an, Sie seien im Dojo, und weil Ihnen eine Übung nicht richtig gelingen will, werden Sie frustriert und ärgerlich. Häufig beginnt man in einem solchen Fall zu klagen, der Partner sei zu groß, oder man bezichtigt ihn, er mache es einem absichtlich schwer, oder man versucht ihn sogar wütend zu Boden zu zwingen. Man neigt also dazu, die Lage oder jemand anderen zu beschuldigen. Erinnert man sich daran, daß «der einzige Feind im Innern» sitzt und daß «Aikido nicht da ist, um andere zu korrigieren, sondern den eigenen Geist», dann wird man sich seiner Frustration und Aggression stellen. Dazu muß man sich die Aggression zuerst einmal eingestehen. Dann zentriert man sich, richtet das Zentrum auf den Konfliktpunkt, vermischt sich mit der Energie des Konflikts, um diese schließlich in eine friedliche Versöhnung umzulenken. Das kann ein innerer Prozeß sein, wenn es um einen inneren Konflikt geht, oder ein äußerer, wenn eine Bedrohung von außen vorliegt. So entsteht eine Lösung mit zwei Gewinnern (anstatt der üblichen Sieger/Verlierer-Situation), denn es gibt keine «falsche» Partei. Wenn man an die heutige Weltlage denkt mit der ganzen Bedrohung durch Atomkatastrophen, ist eigentlich nur eine Lösung mit zwei Gewinnern denkbar.

Zweitens zeigen uns die Schläge, Griffe und Tritte, denen wir im Aikido ausgesetzt sind, wie wir auf Konfrontationen reagieren. Wir können uns in die Situation verbeißen und zurückschlagen, wir können der Konfrontation ausweichen und weglaufen, oder wir können uns taub stellen und für die Geschehnisse keine Verantwortung übernehmen.

Wir beginnen zu erkennen, daß solche Angriffe und unsere Reaktionen darauf Metaphern für Alltagssituationen darstellen. Wenn wir die Grundprinzipien des Aikido im Dojo und draußen üben, werden wir vielleicht mit einer unfairen verbalen Attacke plötzlich gleich umgehen können wie mit einem Schlag ins Gesicht. Aikido bedeutet zu lernen, wie man verantwortungsvoll Konflikte löst, ohne anderen Gewalt anzutun oder sie zu unterdrücken; und dies wirkt sich früher oder später auch auf den Alltag aus.

Drittens bietet uns Aikido einen Weg, unsere eigene Gewalt ritualisiert zu erfahren und freizusetzen. Als *uke* dürfen wir unsere Aggression in wiederholten Angriffen zulassen. Die Rolle des *nage* erlaubt uns, den Partner zu werfen, ihn am Boden oder mit einem Griff neutralisiert festzuhalten. Wir dürfen der Aggression in einem kooperativen Rahmen Raum geben. In einer solchen Partnerbeziehung von ritualisierter Gewalt sind die Rollen des *uke* und *nage* wichtige Instrumente, um die freiwerdende Aggression kooperativ zu lenken. Es gibt mit anderen Worten ein Einverständnis, daß der Austausch zwischen *uke* und *nage,* wie intensiv er auch sei, nie zum Kampf wird. Will einer der Partner das Geschehen abbrechen, dann teilt er dies durch Klopfen auf die Matte, auf seinen eigenen Körper oder den Partner mit. Dieses Zeichen ist im Aikido allgemein anerkannt. Wer Aikido praktiziert, wird jedesmal, wenn er dieses Klopfen sieht oder hört, sofort innehalten.

Aus gruppenpsychologischen Studien weiß man schon lange, daß wir einen tief verwurzelten Drang nach Kooperation haben, der oft dann mobilisiert wird, wenn ein äußerer Feind, ein «anderer» auftaucht. Dieser Wunsch nach kooperativem Verhalten ist ironischerweise einer der Faktoren, die Kriege möglich machen. Vielleicht liegt die Herausforderung im persönlichen Bereich und weltweit gerade darin, dieses Bedürfnis nach Kooperation zu befriedigen, ohne dabei andere ins Unrecht zu versetzen oder einen Feind zu schaffen. Aikido mit den beiden Rollen des *uke* und *nage* bietet Gelegenheit, unsere aggressiven Seiten in einem kooperativen Kontext zu erforschen.

Als kürzlich jemand Frieden als Zeitalter ohne Konflikt definierte, leuchtete ganz kurz ein fernes Paradies in seinen Augen auf. Er sah einen Ort des ungetrübten Segens, wo wir uns alle auf immer und ewig niederlassen würden, wo Konflikte endlich ausgedient hätten und wir alle auf ewig in Frieden zusammenleben würden. Leider gibt es weder in der Geschichte noch in der Natur etwas derart Statisches und Unwandelbares. Unsere Hoffnungen auf eine neue Ordnung sind wichtig, doch es sind unsere Handlungen, die die Visionen in unseren Lebensraum hineintragen. Die Aggressivität gehört ebenso zu unserem Wesen wie der Friede. Aggressivität ist einfach da, und man kann körperlich und geistig damit arbeiten. Auch Friede ist in diesem Sinne kein Endziel, sondern ein Prozeß, an dem wir Tag für Tag, in jedem Augenblick und allen Lebensbereichen arbeiten müssen.

Aikido beschäftigt sich mit der Verwandlung von Aggression und der Pflege von Harmonie. Wie wäre es, wenn wir Aikido in den Schulen, etwa ab der dritten Klasse, einführen würden? Wir beginnen Kindern in diesem Alter Aikido beizubringen, und es scheint einem tiefen, inneren Bedürfnis von ihnen entgegenzukommen. Sie lernen viele nützliche Fertigkeiten, wie das Abrollen und Fallen, sie erleben die Harmonie von Körper und Geist und erwerben elegante Bewegungen. Sie werden auch fähig, auf eine starke, sichere Art physischen Kontakt herzustellen, sie lernen Alternativen zum Kampf kennen und auf ihrem Recht zu bestehen, mit andern Worten, sich selbst zu verteidigen.

Schlußwort

In einem menschlichen Körper zu leben, ist ein kostbares Geschenk. In ihm erfahren wir unser Leben. Unser Körper birgt auch die Möglichkeiten der Selbsterkenntnis, der Selbstheilung, der Liebe und des Mitgefühls. Wenn wir unsere Gefühle, Empfindungen und Intuitionen wieder zulassen, geben wir der Körperweisheit Raum, uns zu lenken und uns ihre Botschaften zukommen zu lassen.

Ein Kinderspiel und eine Herausforderung zugleich. Ein Kinderspiel, weil diese Weisheit unser angestammtes Geburtsrecht ist und wir als Werkzeuge nur das brauchen, was wir bereits besitzen: Körper, Energie und Aufmerksamkeit. Und eine Herausforderung, weil unsere Gesellschaftsstruktur eine solche Lebensart gänzlich ablehnt. Wir dürfen uns davon nicht entmutigen lassen, sollten deshalb aber auch nicht zu hysterischen Revoluzzern werden. Wir brauchen nur aufrichtig und direkt mit unserer gegenwärtigen Situation zu arbeiten und in unserem Körper zu leben beginnen, um Einfluß auf unser Leben und auf das Leben anderer zu nehmen.

Es ist meine Hoffnung, daß Ihnen dieses Buch bestätigt hat, was Sie bereits wissen: sie dürfen dem vertrauen, was Sie fühlen und spüren. Diese Wahrnehmungen dürfen Ihr Leben bereichern. Es ist auch mein Wunsch, daß Sie die Ideen dieses Buches mit dem Herzen aufnehmen, daß Sie die Übungen ernsthaft machen und einen Lehrer finden werden, der Sie auf diesem Weg weiterbegleiten kann. Wenn dies eintritt, hat sich mein Anliegen an Sie, lieber Leser, erfüllt.

Das große Lehrbuch der Heilung mit neuen Körper-Energien

William Brugh Joy
DER WEG DER ERFÜLLUNG
(JOY'S WAY)
Die Psychologie der Transformation
Ca. 320 Seiten, mit zahlreichen Abbildungen, Grafiken und Tabellen, gebunden
ISBN 3-7157-0067-X

Dr. William Brugh Joy's ‹Weg der Erfüllung› ist seit seinem erstmaligen Erscheinen vor vier Jahren eines der großen *Kultbücher* der geistig Suchenden in den USA!

Von einer lebensbedrohenden Krankheit heimgesucht, erlebte Dr. Joy an den Abgründen des nahenden Todes *die* große mystische Erfahrung und verspürte dabei einen starken Selbstheilungsimpuls, der ihn innert kürzester Zeit vollständig gesunden ließ. In der Folge änderte er sein Leben dramatisch: Im Zuge der Bewußtwerdung und des geistigen Erwachens gab er seine gesicherte Stellung als Arzt und Professor für Medizin auf und eröffnete nach ausgedehnten Reisen durch viele Länder ein Begegnungszentrum in der südkalifornischen Wüste.

Tausende haben von ihm eine spirituelle Schulung erhalten, und Zehntausende haben ihm zugehört, wenn er bei Vorträgen im ganzen Lande über das *neue Leben* sprach.

Als ehrfürchtiger und tiefberührter Mensch sieht er heute die sogenannte harte Wirklichkeit der Welt vom Wunderbaren und von unbegrenzten Möglichkeiten erfüllt. Sein Buch ist denn auch teils Zeugnis des Neuen Bewußtseins, teils eine packende Autobiographie, *vor allem* aber eine genaue Anleitung zur Selbstentdeckung von Körperenergien und Energiefeldern. In den neuen Erfahrungsdimensionen einer persönlichen Wandlung erweist sich für den Leser der als ‹fest› behauptete menschliche Körper als ein wunderbarer Komplex von ineinandergewobenen Energiefeldern, worin Krankheit keine eigene Existenz hat.

‹Der Weg der Erfüllung› enthält faszinierende Anleitungen für den Prozeß des geistigen, seelischen und körperlichen Neuerwachens; das Buch zeigt das geheimnisvolle Wirken innerer und äußerer geistiger Lehrer, beschreibt wunderbare Phänomene im ganzheitlichen Aspekt des Bewußtseins sowie die klaren Zustände des Beobachter- und Zeuge-seins.

Darüber hinaus gibt Dr. Joy präzise Anleitungen, Übungen und Techniken für die Arbeit mit den Chakras, des richtigen Meditierens, des geistigen Sehens sowie für die Aussendung und Übertragung heilender Energien auf andere Menschen.

Jedes Kapital dieses Buches vermittelt wesentliche Informationen, eine Vielfalt neuer Ideen und Entdeckungen sowie nachvollziehbare Erfahrungen.

Bushido –
die Lehre vom rechten Sterben

Inazo Nitobe
BUSHIDO
Die innere Kraft der Samurai
Eingeleitet von Rinaldo Massi und mit einem Essai von Julius Evola.
208 Seiten, broschiert
ISBN 3-7157-0073-4

Inazo Nitobe (1862–1933), aus einer Samurai-Familie geboren, veröffentlichte bereits im Jahre 1899 die bis heute einzige Darstellung des Samuraigeistes. Zwei Jahre später erschien – in Tokyo verlegt – eine deutsche Übersetzung von «Bushido». Diese Ausgabe bildet die Grundlage des vorliegenden Buches.

«Bushido» heißt wörtlich übersetzt «Weg des Kriegers». Er war während Jahrhunderten der ungeschriebene Ehrenkodex des japanischen Rittertums, der Samurai. Bushido selbst gründet in drei großen Traditionen: Der Buddhismus und vor allem die Zen-Philosophie steuerte das Idealbild von innerer Ruhe und Schicksalsergebenheit bei, das auch den Tod zum lebendigen Freund werden ließ. Der Shintoismus als japanische Ur-Religion verlieh dem Bushi (Krieger) eine in Fleisch und Blut übergehende Loyalität zu seinem Fürsten und zum Geist seiner Vorväter, und der Konfuzianismus gab das Element des gelassenen und weisen Handelns in der Welt.

Inazo Nitobe, der eine westliche Erziehung genoß, beschreibt in begeisterungsfähigen Worten die Tugenden eines Bushi: Treue, Gehorsam, Ehre, Gleichmut, Redlichkeit, Tapferkeit, Güte, Höflichkeit, Geduld und eine immerwährende Todesbereitschaft prägen die innere und äußere Gestalt eines Samurai. Der gebildete Autor verweist bei seinen freimütigen, ruhigen und klaren Schilderungen immer wieder auf westliche Entsprechungen des Samuraigeistes, vor allem im mittelalterlichen Rittertum Europas.

Der ausführlichen, über fünfzig Seiten starken Einleitung von Rinaldo Massi verdanken wir eine noch um wesentliche Erkenntnisse vertiefte Schau von Bushido. Dank seiner Kenntnisse der japanischen Sprache, Kulturgeschichte und Religion sowie durch das kämpferische Element in seinen Erläuterungen, vermag der Leser erst die ganze Tiefe des Samuraigeistes zu erfassen, dessen aufrüttelnde Quintessenz der Samurai Yamamoto Tsunemoto in zwei Sätzen zusammenfaßt: «Letzten Endes ist Bushido die Lehre vom rechten Sterben. Es ist die täglich und stündlich wiederholte Vorübung für die Stunde des Sterbens und die Bereitschaft, den Tod in Sammlung und Seelenruhe zu erleben.»

Das Buch schließt mit Julius Evolas Essai über «den Weg des Samurai».

Das Geheimnis der Urkraft Chi und des Energiekreislaufs – in diesem Buch erstmals enthüllt!

Mantak Chia
TAO YOGA
Praktisches Lehrbuch zur Erweckung der heilenden Urkraft Chi.
232 Seiten, mit vielen Illustrationen,
broschiert
ISBN 3-7157-0076-9

Mantak Chia studierte jahrelang bei alten buddhistischen und taoistischen Meistern. Er ist der erste Chinese, der die über 8000 Jahre alten geheimen Techniken des *Tao Yoga* im Westen lehrt. Es ist ihm außerdem gelungen, die höchsten mündlichen Unterweisungen, die er von eingeweihten chinesischen Weisen empfangen durfte, mit den Erkenntnissen moderner westlicher Medizin zu einer fruchtbaren Synthese und praktischen Anwendungsmethode zu verbinden.

Dieses bis heute einzigartige Buch offenbart die Praxis des inneren *Energiekreislaufs* und bringt zum ersten Mal eine klare und übersichtliche Schulung zur Aktivierung der Lebenskraft Chi. Diese in jedem Menschen vorhandene Urkraft und deren Fließen durch die inneren Energiebahnen wird normalerweise mit zunehmendem Alter durch physische und psychische Verspannungen und durch Streß blockiert: allgemeine Müdigkeit, Krankheit, frühes Altern oder vorzeitiger Tod sind die Folge. Dem Leser wird hier aber gezeigt, wie diese den Energiefluß hemmenden Blockaden durch die neu aktivierten, harmonisierenden Selbstheilungskräfte des Körpers überwunden werden.

Der erfahrene Autor weist den Leser an, wie er mittels rein meditativer Übungen die Lebensenergie Chi durch die Sammlung auf genau definierte Energiezentren reaktivieren, aufbauen und schrittweise durch seinen Körper lenken kann. Es ist eine sanfte Me-Methode, und die Übungen sind in jedem Alter und in jeder Konstitution äußerst leicht durchzuführen. Die an vielen Workshops erprobte Praxis des *Energiekreislaufs* wurde bisher als eines der höchsten Geheimnisse gehütet und durfte nicht außerhalb des «inneren Zirkels» enthüllt werden.

Durch die hier ebenfalls vorgestellte taoistische Methode des inneren Lächelns wird die verlorene Einheit von Körper und Geist wiederhergestellt, und der Praktizierende wird von seinem zweigeteilten Dasein und dessen für die Gesundheit fatalen Folgen befreit.

Mantak Chia gibt mit diesem grundlegenden Lehrgang die Gewißheit, daß ein jeder «Meister des langen Lebens» werden kann, eine harmonische Einheit von Körper und Geist, widerstandsfähig gegen Krankheiten und eingebettet im großen Kreislauf der Natur.

*Das geheime Wissen um das «Wie» –
zum ersten Mal preisgegeben!*

Mantak Chia
TAO YOGA DER LIEBE
Der geheime Weg
zur unvergänglichen Liebeskraft
408 Seiten, mit 50 Illustrationen, gebunden, Schutzumschlag
ISBN 3-7157-0079-3

Viele bewußt suchende Menschen wissen um die Wichtigkeit der Sexualenergie auf ihrem geistigen Weg und haben deshalb oft große Probleme im Umgang mit ihr. Obwohl es zur Zeit viele Bücher *über* die geheimen Liebeslehren des Ostens gibt, ist bisher keines einer interessierten Leserschaft zugänglich gemacht worden, das auch ein Wissen um das Wie preisgegeben hätte, also exakte Anleitungen, Übungen und Techniken zum legendenumwobenen «Tao der Liebe». Alle mußten bis heute auf das Buch warten, das ohne Verschlüsselung und nachvollziehbar zeigt, wie man seine sexuellen Energien bewahren, transformieren und als Brücke zu höheren Bewußtseinsstufen nutzen kann.

Mantak Chia, der als erster die geheime Praxis des inneren Energiekreislaufs und einen klaren und übersichtlichen Schulungsweg zur Aktivierung der Lebenskraft Chi in seinem Buch «Tao Yoga» veröffentlicht hat, bringt in diesem neuen, umfangreichen Buch die bisher überall geheimgehaltenen Methoden zur Aktivierung und Umwandlung des Sexualelixiers *Ching* und zeigt anhand eines reich illustrierten Schulungsweges, daß die Sexualenergie als unerschöpfliche Quelle von körperlicher Kraft, Gesundheit und spiritueller Entwicklung nicht nur von einigen wenigen Auserwählten, sondern von jedermann genutzt werden kann.

In minutiös geschilderten Einzelschritten und mit einem bisher nie gezeigten Detailreichtum offenbart der Autor körperliche, seelische und geistige Praktiken des Tao Yoga der Liebe. Er lehrt natürliche Wege, die Sexualenergie zu steigern, stärken und zu erhalten, und gibt Übungen zur Heilung von Störungen der Sexualfunktionen. Er zeigt die zentralen Techniken zur Verfeinerung dieser Energie und zu neuen, ungeahnten Möglichkeiten mit ihr im Liebesakt.

Der Tao Meister lehrt Mann und Frau anhand dieses Buches neue und subtile Formen des Energieaustausches, faszinierende Körper- und Geisteswahrnehmungen, und führt Liebende über deren persönliche Begrenzungen hinaus zu völlig neuen Seinszuständen und zu einem totalen Orgasmus von Körper, Seele und Geist, in dem beide wirklich *eins* werden.

«Tao Yoga der Liebe»: ein außergewöhnliches Buch, das sich nicht nur an den Mann richtet, sondern auch jede Frau brennend interessieren wird.

Ein hilfreicher Ratgeber bei Liebes- und Partnerschaftsproblemen

John A. Sanford
UNSERE UNSICHTBAREN PARTNER
Von den verborgenen Quellen des Verliebtseins und der Liebe

208 Seiten, mit einem Anhang über ‹Aktive Imagination› sowie einem Glossar der Jungschen Begriffe und Index, broschiert
ISBN 3-7157-0085-8

Liebes- und Partnerschaftsprobleme sowie Ehekrisen führten zu einem immer größeren Interesse an der Psychologie der Geschlechter. Es gab aber bis heute kein handliches und übersichtliches Buch, das C. G. Jungs wichtigste Ideen und Gedanken zu diesem Thema zusammenfaßte. Ausgehend von dessen faszinierender Anima/Animus-Theorie, welche zeigt, daß in jedem von uns Männliches und Weibliches vereint ist, gibt der Autor seine erstaunlichen und oft verblüffenden Erkenntnisse über die Geheimnisse des Verliebens und der Verliebtheit preis.

Anima und Animus sind jene unsichtbaren Partner, deren übermächtige und oft beflügelnde Kräfte in uns es zu entdecken gilt. Sie sind es, welche die Frage beantworten können, warum wir welche Partner gewählt haben. Sie sind die oft schmerzlich fehlenden Hälften in uns, von denen wir in überschwenglicher Verliebtheit beglückt und beseelt werden. Sie sind die anziehenden magnetischen Pole, die beide Geschlechter einander näherbringen. Sie sind es aber auch im Stadium der Verliebtheit, die von uns unbewußt auf den geliebten Menschen projiziert werden.

Wird jedoch diese Verliebtheit einer gesunden Dosis Alltagsrealität ausgesetzt, in der sie sich bewähren müßte, bricht die ganze Phantasiewelt der Projektion zusammen.

Wie wir aber in dieser schwierigen Phase zu einer wahren und dauerhaften Liebesbeziehung finden können, in der wir den geliebten Menschen als *den* erkennen und annehmen können, der er *ist,* zeigt der Autor mit vielen praktischen Hinweisen. Erst wenn wir echte innere Zuneigung und helfende Fürsorge in uns entwickelt haben und somit beziehungsfähig geworden sind, zeigen sich Anima und Animus von ihrer hilfreichen Seite und werden zu unseren wahren Partnern und Verbündeten.

John A. Sanford führt anhand zahlreicher Beispiele aus der Mythologie und der Geschichte, vor allem aber aus der täglichen Praxis, zu einem neuen Verständnis von Sexualität und Liebe. Seine allgemeinverständlichen Erklärungen psychologischer Fakten und seine wertvollen Hinweise für den Umgang mit unseren unsichtbaren Partnern machen dieses Buch zu einem hilfreichen Ratgeber bei Liebes- und Partnerschaftsproblemen.

Befreiung aus Ängsten und Suchtproblemen: Der Weg zu einer neuen Hingabe an das Leben

Marion Woodman
HEILUNG UND ERFÜLLUNG DURCH DIE GROSSE MUTTER
256 Seiten, mit 18 Abb., broschiert
ISBN 3-7157-0099-8

Dieses energiegeladene Buch der Analytikerin Marion Woodman, die am Jung-Institut in Zürich ausgebildet wurde und in Toronto tätig ist, nimmt die Leserin und den Leser auf eine heilende und zugleich spirituelle Reise mit, während der es gilt, die zwei Aspekte des Weiblichen zu versöhnen: den dunklen Aspekt der Furchtbaren Mutter, die die Lebensenergien der Frau auffrißt, und den heilenden Aspekt der Großen Muttergöttin, die sich in der Weisheit des Körpers, in der Verzückung durch Liebe, in weiblicher Spiritualität und in der Hingabe an das Leben offenbart.

Wenn Frauen die Verbindung zu diesem zweiten Aspekt ihrer Weiblichkeit fehlt und sie sich einseitig an männlichen Werten wie Spezialisierung und Perfektion orientieren, leiden sie – trotz Erfolgen in der von männlichen Idealen geprägten Berufswelt – oftmals an innerer Leere und Sinnlosigkeit. Sie werden anfällig für Suchtkrankheiten verschiedenster Art: Fett- und Magersucht, Bulemie, Alkoholismus, die zwangshafte Sucht, alles unter Kontrolle zu halten, sowie Arbeits- und Perfektionssucht.

Marion Woodman lehrt die moderne Frau, die Verbindung zu ihrem archetypisch Weiblichen und zur Großen Mutter wieder herzustellen. Sie vermittelt das ursprüngliche Wissen um die natürlichen Gesetze des Lebens und die Liebe zu allem Lebendigen. Sie zeigt, wie alte seelische Verwundungen geheilt werden, wie das ursprüngliche Vertrauen in die eigenen Instinkte neu erworben werden kann, und wie der ganze Reichtum an bisher unterdrückter Kreativität sich neu entfaltet und eine lust- und liebevolle Geschlechtlichkeit hervorbringt. Alle Formen des künstlerischen Selbstausdrucks – Ritual und Tanz, Schreiben und Malen – begleiten diesen Weg.

Die Autorin gewährt einen tiefen Einblick in viele Lebensläufe suchtkranker Frauen und zitiert ihre Tagebuch- und Traumaufzeichnungen, Weitere typische weibliche Lebensmodelle werden in literarischen und mythischen Frauengestalten, in Texten, Gedichten und Bildern nachgezeichnet. Die Leserin findet sich oft in diesen ergreifenden Dokumenten gespiegelt und im innersten Kern «getroffen».

Für Frauen ist die Große Mutter ermutigend, Männern offenbart sie sich als große Erlösungskraft aus dem lebensvernichtenden technologischen Zeitalter.